Лена Корнеева

Нежные, как розы, опасные, как шипы

Терапия отношений по принципу ценности

Издание второе
дополненное и переработанное

2024

Автор рассказывает о важнейших аспектах отношений, опираясь на инструменты трансактного анализа и тренинга эмоциональной грамотности Клода Штайнера, а также делится идеями, помогающими достигать позитивных изменений в отношениях и жизни в целом, подкрепляя их примерами из своей психологической практики.

Книга будет интересна психологам, работающим в области терапии отношений, педагогам, а также всем читателям, которые стремятся сделать свои отношения комфортнее и счастливее.

Bibliografische Information der Deutschen Nationalbibliothek:
Die Deutsche Nationalbibliothek verzeichnet diese Publikation in der Deutschen Nationalbibliografie; detaillierte bibliografische Daten sind im Internet über http://dnb.dnb.de abrufbar.

ISIA Media Verlag, Leipzig 2024

Дизайн обложки и верстка: ORDEN COMPANY LTD, Praha/Inna Barabash
Шрифт: DveKruglyh/Yuri Gordon

Alle Rechte vorbehalten
© Лена Корнеева, 2024
© ISIA Media Verlag, 2024

Printed in Germany

ISBN 978-3-68959-898-3

*Посвящаю эту книгу моим клиентам,
друзьям, коллегам и Клоду –
я многому у всех вас научилась.*

Предисловие ко второму изданию

Шокирующие и травмирующие события последних полутора лет сподвигли нас переосмыслить человеческие отношения. По-новому осознать значение настоящей близости и того, как важно уметь выстраивать комфортную привязанность и ее сохранять. Выстраивать, проявляя силу любви вместо злоупотребления силой.

Война обострила необходимость понимать эмоции и грамотно ими управлять. И грамотно, т.е. не раня чувства других, эмоции выражать – способствуя взаимопониманию, а не разрушая его. Особенно когда ты ранен и тебе ужасно больно. Или тебя захлестнул гнев. Как психолог с опытом клинической работы не считаю преувеличением сказать: эмоциональная грамотность может спасти вам здоровье и даже жизнь.

И еще мы увидели, как важно уметь быть по-настоящему взрослым, уметь осознанно управлять процессами в отношениях и уметь опираться на себя, т.е. быть самому себе лучшей мамой и лучшим папой одновременно. И, конечно, уметь грамотно и эффективно постоять за себя, когда это необходимо. Незрелость оборачивается слишком большими потерями.

Эта книга была задумана еще до рождения моего сына в 2017-м и написана эпидемической весной 2020-го, когда у меня наконец-то появилось время, и тогда же был подписан контракт с одним московским издательством. Книга вышла в январе 2022-го, а в войну я контракт расторгла. Вернув себе права на книгу, я доработала ее и рада сделать полезной снова.

В этом издании есть совсем новые фрагменты и доработаны уже имевшиеся главы, введен глоссарий. На украинском языке книга была опубликована в 2022-м году издательством Видавництво Ростислава Бурлаки. Немецкая версия книги находится в разработке.

Småland, август 2023

Особая признательность моим коллегам Леониду Максименко, Вэнну Джойнсу, Труди Ньютон, Стефану Сандстрему и Катерине Булгаковой

ПРЕДИСЛОВИЕ

Почему, при всем нашем стремлении к отношениям, иногда что-то мешает нам сделать их комфортными и счастливыми? Из-за чего между близкими и любящими людьми порой возникают отчуждение, агрессия, жестокость и взаимное разочарование? Что делает нас такими уязвимыми – и в то же время такими «колючими» для окружающих? Почему мы не всегда справляемся с собственными чувствами? Как возникает эмоциональная зависимость от другого человека и можно ли от нее избавиться?

В этой книге я делюсь своим опытом терапевта отношений и рассмотрю эти и многие другие вопросы. Я расскажу о том, что помогает мне и моим клиентам достигать желаемых позитивных изменений в отношениях и жизни в целом. Надеюсь, моя работа сослужит вам добрую службу, так же как мне в свое время помогли опыт моих учителей и их готовность опытом делиться.

Начиная изучать психотерапевтические методы, я практически сразу выбрала для себя трансактный анализ. Эрик Берн, автор этого подхода, первым заговорил с клиентом на понятном ему языке, ставя клиента на один уровень с собой и поощряя его быть со-творцом желаемых изменений. Метод трансактного анализа помог мне создать проект научного исследования и один из университетов Германии, рассмотрев проект, пригласил меня на научную работу. В основу проекта был положен вопрос «Что именно делает людей авторитарными?» и в его разработке мне помог советом Клод Штайнер, ученик и последователь Эрика Берна. Об этом чуть подробнее.

На одном из семинаров по трансактному анализу обсуждался концепт жизненных сценариев, и была упомянута книга К. Штайнера «Сценарии жизни людей», в которой американский психолог излагал идею о том, что человек может осознанно «переписать» свой жизненный сценарий к лучшему. Эта книга в синей обложке, на тот момент единственная переведенная на русский язык книга Штайнера, помогла мне осознать мой собственный сценарий и то, как именно я хотела бы его изменить.

«Обратная сторона власти» была второй его книгой, которую я прочла, уже на английском. Тогда я как раз работала над проектом своего исследования, и авторское понимание природы власти и так называемых силовых игр показалось мне идеальным описанием авторитарного характера. Это и сподвигло меня проверить опытным путем, не является ли «неокейность» (эквивалент комплекса неполноценности в трансактном анализе) своего рода питательной почвой для авторитарности. Авторитарность, если совсем коротко, это склонность враждовать вместо того чтобы сотрудничать, это поклонение силе, т.е. склонность полагаться на грубость и насилие вместо уважения и любви.

Мне посчастливилось получить поддержку и совет от Штайнера по моему проекту. Позже меня пригласили в один из университетов города Бремен, чтобы я могла провести исследование. Мои гипотезы были подтверждены. Как только статистический анализ данных был проведен, диссертация написана и защищена, я решила вернуться в профессию: нашла место в реабилитационной клинике в Баварии и вот уже более 12 лет работаю в ней и параллельно веду частную психологическую практику. Кейсы, которые вы встретите в тексте, взяты из моей работы, которую я нежно люблю и очень счастлива, что сама когда-то решилась изменить свой сценарий.

Написать эту книгу меня сподвигли мои клиенты. После того, как одно из немецких издательств опубликовало две мои книги, от благодарных читателей мне не раз приходилось слышать: «А напишите книгу и про это — ведь это самое важное в нашей жизни!» Под «самым важным» подразумевалось то, чему мне и в самом деле приходится уделять много внимания в работе: ценности и силе. Эти два аспекта наших отношений — ощущение человеком собственной безусловной ценности и сила его личности — словно две стороны одной не медали, но монеты, метафорической валюты в любых отношениях.

Ко мне часто обращаются пары, переживающие кризис, и в рамках терапии нам неизбежно приходится прояснять не всегда очевидный, но очень важный феномен: любые человеческие отношения — это нарратив ценности и силы, прямо взаимосвязанных и одна через другую проявляющихся. Именно поэтому в «плохо работающих» отношениях часто возникают бессилие, насилие и обесценивание — как следствие недостаточно осознанного подхода к собственной ценности и к силе как умению влиять. Как только каждый в паре восстанавливает и ощущает свою ценность, он больше не прибегает к насилию, его влиянием становится сила любви. В книге я расскажу, как это работает и какое место в этом занимают наши эмоции и потребности.

Эмоции многими воспринимаются как некая неуправляемая стихия, мешающая и противоречащая логике, и потому многие не уделяют своим эмоциям и эмоциям партнера должного внимания, табуируют их, пытаются подавлять или не показывать, «заметать под ковер», как нечто неважное и ненужное. Однако эмоции это наши помощники и добрые советники. Понимая и принимая свои эмоции, мы можем управлять и ими, и своими отношениями. О том, как правильно понимать «логику эмоций», а так же об их функциях и назначении тоже пойдет речь.

Меня очень радует то, что психологическая практика уже избавилась от статуса «для тех, у кого проблемы» и обращаться к хорошему психологу стало чем-то нормальными и даже статусным. Нам стало доступно множество роскошных текстов и на тему отношений. И я вряд ли стала бы работать над созданием книги, если бы не мое желание поделиться тем, что я называю принципом ценности.

Знание этого принципа помогает яснее понимать отношения и менять социальную реальность к лучшему. Как планеты вращаются вокруг Солнца, человеческие отношения «вращаются» вокруг ценности – субъективно воспринимаемой индивидуальной ценности тех, кто в эти отношения вовлечен. Отношения доставляют нам радость, если мы ощущаем себя в них ценными. Если наша ценность ставится под вопрос или, того хуже, нам отказывают в ее подтверждении – отношения портятся, разрушаются, причиняют боль. Наше ощущение собственной ценности формируется еще в детстве, в отношениях с родителями, и во взрослой жизни мы строим отношения с теми, кто, как мы надеемся, нашу ценность подтвердит. Конфликты, отчуждение и обиды возникают там, где индивидуальная ценность и ее значение для отношений не осознаются. Обесценивания как злоупотребление силой неизбежно вызывают ощущение бессилия и этот цикл может повторяться без конца… Я покажу, как это исправить.

Эта книга для тех, кто в силу профессии занимается терапией отношений и воспитанием, и для всех пытливых и взыскательных читателей, стремящихся сделать свои отношения комфортнее. Не соглашайтесь на меньшее, чем счастье!

Часть 1

УЗНАТЬ СЕБЯ ПО-НАСТОЯЩЕМУ

Глава 1. ЭМОЦИИ – ЧТО ЭТО И ДЛЯ ЧЕГО?

Наши лица всегда выражают эмоции – даже когда мы пытаемся их скрыть. В наших словах тоже сквозят эмоции, особенно когда мы избегаем о них говорить. Вот в мой кабинет заходит пара: на его лице растерянность, на ее – боль, или наоборот. Самые близкие и любящие люди очень часто не умеют выразить свои эмоции и из-за этого не могут друг друга понять. Эмоции мешают им увидеть суть конфликта и его разрешить. Диапазон проблем, с которыми обращаются к терапевту отношений, широк: от недостатка чуткости в отношениях до злоупотребления силой.

Выражения «меня это бесит», «напрягает», «я в шоке» знакомы каждому из нас. Много есть в нашей речи метафор и аллегорий, описывающих эмоции как некую стихию, не всегда подвластную нам, могучую и непредсказуемую: «обуреваем страстями», «быть вне себя», «не владеть собой» и так далее. Все знают, как сложно иногда бывает «взять себя в руки», «обрести эмоциональное равновесие». Мы и хотели бы испытывать только приятные эмоции и избегать неприятных… но часто происходит как раз наоборот.

Управлять своими эмоциями может лишь тот, кто знает, как они на самом деле работают. Забегая вперед, скажу: чтобы разобраться в эмоциях, нам предстоит разобраться и в потребностях, и в том, что связывает потребности и эмоции. Однако для начала сосредоточимся на самих эмоциях – на том, что они собой представляют и для чего они нам нужны.

Этимология слова «эмоция» восходит к французскому émouvoir, которое можно перевести как «будоражить, трогать, передвигать». Emouvoir, в свою очередь, произошло от латинского motus, что значит «движение». Таким образом, эмоция – это некое «движение души» и то, что нами движет, осознаем мы это или нет. Многие формы нашего поведения и многие наши решения обусловлены именно эмоциями. Даже приобретаемые нами навыки тоже напрямую связаны с эмоциями – мы гораздо легче запоминаем информацию, если она вызывает в нас эмоциональный отклик.

Эмоции присутствуют в любых человеческих отношениях. Счастливые отношения отличает то, что их участники не исключают из них эмоции – как свои собственные, так и эмоции партнера. Научиться понимать эмоции и осознанно управлять ими помогает тренинг эмоциональной грамотности (англ. emotional literacy training). Эта методика была разработана Клодом Штайнером, учеником и последователем Эрика Берна, как методологическое ответвление и дополнение к трансактному анализу.

Интересно, что еще в середине 60-х годов XX века психотерапевты не считали эмоции значимым аспектом человеческих отношений. Даже в классическом учебнике по трансактному анализу от 1987 года Стюарта и Джойнса понятие «эмоция» отсутствует в глоссарии и не рассматривается особо ни в одной из глав. Сам гениальный Берн поначалу снисходительно относился к попыткам Штайнера анализировать и понимать не только трансакции (единицы коммуникации), но и вызываемые ими эмоции. Клод рассказывал мне, что Берн иронично называл эмоции «Feelings Shmeelings» и лишь гораздо позднее признал их значимость и в анализе взаимодействий. Именно Штайнер с начала 60-х стал уделять внимание эмоциям и их пониманию в своей групповой и индивидуальной психотерапевтической работе.

Штайнер определял эмоциональную грамотность как способность понимать и выражать свои эмоции и понимать эмоции партнера. Быть эмоционально грамотным означает уметь управлять эмоциями, проявлять личностную зрелость и уметь адекватно и эффективно постоять за себя при необходимости. Эмоциональная грамотность позволяет выстроить гармоничные отношения – как партнерские, основанные на сотрудничестве, так и близкие, полные любви (*Steiner & Perry, 1999*).

Подход Штайнера однако не сводится лишь к техникам понимания и выражения эмоций, ключевое в его подходе – это представление о части нашей психики, которая называется Критикующий (Обесценивающий) Родитель, и о тех разрушительных эффектах, которые эта часть психики производит в рамках наших отношений (это очень интересная и значимая часть моей работы и подробнее об этом будет рассказано в Главе 7. Обесценивания в отношениях родителей и детей).

Метафорически нашу эмоциональную сферу можно рассматривать как некую местность, на которой важно уметь ориентироваться – чтобы не потеряться. Не каждый взрослый способен осознавать собственные чувства и отличать одну эмоцию от другой, и тем сложнее нам бывает сохранять контроль над своими чувствами в критических ситуациях. Иногда нам сложно понять, какие эмоции и по каким причинам испытывают даже самые близкие нам люди, и в силу этого в отношениях нередко возникают недопонимание и обиды. Отчасти это вызвано и тем, что не все умеют выражать свои эмоции адекватно: так, чтобы партнер по коммуникации понял их правильно.

Именно для этого К. Штайнер ввел понятие карты эмоционального ландшафта, позволяющей быстро и просто определить, какая эмоция или сочетание каких эмоций переживается нами в настоящий момент. Ради ясности и практичности Штайнер свел карту к четырем базовым эмоциям, таким как радость, страх, злость и грусть (*Steiner, 2003*).

Разумеется, эти четыре эмоции – лишь «эссенция» того разнообразия эмоциональных реакций и состояний, на которые мы способны; часто мы испытываем и гораздо более сложные эмоциональные переживания: чувство вины, чувство стыда, сожаление, отвращение, симпатию или антипатию, тоску, ностальгию по чему-то. Однако большинство таких сложносоставных эмоциональных состояний можно «разложить» на компоненты, как палитру на краски-ингредиенты.

Осознать и выделить ведущую эмоцию необходимо, чтобы эффективно управлять своим эмоциональным состоянием и ради комфортного общения и взаимопонимания. На рисунке ниже приведена схема с градациями и оттенками четырех базовых эмоций. Она помогает увидеть переживаемую эмоцию в контексте других эмоций, отличить и назвать ее.

Чтобы научиться управлять собственными эмоциями, нужно понять, как они работают: что их запускает, почему возникает именно эта эмоция, а не другая. Причины возникновения различных эмоций и их функции будут рассмотрены в Главе 3. Здесь же отметим следующее: осознанности и эффективности в общении не бывает без умения отличать одну эмоцию от другой. Также важно учитывать градации эмоций и их интенсивность (для более точного определения можно оценивать интенсивность эмоции по шкале, например, от 1 до 10).

восторг блаженство счастье ликование удовольствие экстаз упоение нега эйфория торжество отрада наслаждение **РАДОСТЬ**	ужас трепет паника опаска боязнь опасение беспокойство тревога обеспокоенность испуг тревожность оторопь **СТРАХ**
раздражение сердитость досада недовольство возмущение неистовство ожесточение негодование исступление ярость злоба гнев раж бешенство **ЗЛОСТЬ**	печаль уныние удручённость тоска угнетённость подавленность горе скорбь огорчение отчаяние траур **ГРУСТЬ**

Рисунок 1. Карта эмоционального ландшафта.
Идея: К. Штайнер, визуализация: Л. Корнеева

...Маркус[1] пришел на сессию с бандажом на правой кисти. Он повредил себе руку, когда в ярости ударил ею о косяк двери. Разозлен он был тем, что его жена на вечеринке живо общалась со своими подругами и не обра-

---
1 В силу того, что большинство моих клиентов – немцы, имена в описании случаев преимущественно немецкие. Все имена изменены. *Прим. авт.*

щала внимания на него. *На эту вечеринку он вообще не хотел идти, так как чувствовал себя простуженным и уставшим. Всю предыдущую неделю каждый день после работы он до поздней ночи занимался ремонтом в их новом доме, о чем попросила его жена. Сквозняки и недостаток сна сказались на его состоянии.*

— *Меня самого напугала моя реакция. Это вообще не я. Я никогда не поднимал руку ни на кого, ну разве что когда дрался с мальчишками в школе. Я не хочу, чтобы это повторилось. Я хочу уметь держать себя в руках...*

Бывают обстоятельства, которые осложняют мешают нам понимать эмоции и ими управлять, давайте рассмотрим типичные из них.

Иногда мы переживаем как бы «эмоции-консервы»: определенная ситуация может реактивировать эмоцию, которую мы переживали в некой травматичной ситуации в прошлом. Триггером, т.е. спусковым механизмом здесь выступает субъективная схожесть стимула, когда в нашем восприятии нынешняя ситуация очень схожа с некой прошлой. Например, у пережившего войну человека острый приступ паники может вызвать гром, звучащий как бомбежка. При этом самому человеку бывает очень трудно отличить переживание эмоции из прошлого от эмоции, вызванной происходящим здесь и сейчас, и это может быть непонятно его близким. Из-за таких эмоций-консерв в частности в отношениях нередко возникают недопонимания, недоразумения и отчужденность.

В травмирующих нас обстоятельствах мы нередко переживаем регрессию, т.е. неосознаваемый возврат к нашим более ранним шаблонам восприятия и поведения. Регрессия «выключает» нашу ресурсность. Если взрослый в норме может адекватно постоять за себя или отстоять свою точку зрения с помощью грамотно подобранных слов и действий, то ребенок в силу отсутствия взрослого ресурса весьма ограничен в своем влиянии на травматичную ситуацию. Реактивирование некой старой эмоции в стрессовой ситуации может «выключить» наше взрослое рациональное мышление, и мы, переживая эмоцию-консерву, начинаем вести себя гораздо более беспомощно и неэффективно, чем в ситуации покоя и безопасности. Во взрослой жизни из-за недостаточной осознанности в отношении своих эмоций мы часто реагируем на ситуации так, как если бы мы все еще были детьми.

Наше поведение может быть «смоделировано» эмоциями, умышленно вызванными в нас кем-то, и родители порой злоупотребляют этой особенностью нашей психики. Например, триггером страха часто становится отнюдь не реальная опасность, а лишь угроза или даже только намек на угрозу, похожие на некий эпизод из нашего прошлого: родителю достаточно достать и показать ремень – и ребенок с соответствующим опытом реагирует предсказуемо.

Еще осознанию эмоций часто мешает то, что эмоции это та часть нашей психики, у которой исторически сложилось не самое завидное реноме. В своей практике я довольно часто сталкиваюсь с тем, что эмоции воспринимаются людьми как нечто не вполне легитимное, как что-то скорее мешающее, нежелательное или даже стыдное – как слабость. Многим кажется, что есть «хорошие» и «нехорошие» эмоции. Например, социально приемлемым и потенциально безопасным для окружающих считается испытывать радость или ее оттенки (удовлетворенность, удовольствие, восторг, эйфорию), нежелательными же считаются злость, гнев, удрученность и фрустрированность. Но, как вода всегда найдет себе выход, так и эмоции – рано или поздно они все равно проявятся, вырвутся наружу, в той или иной форме, поэтому лучше их принимать и понимать.

Попытки табуировать и вытеснить эмоции из взаимодействия лишь мешают взаимопониманию. Наверное, именно из-за подавления и вытеснения эмоций в свое время стали популярными такие направления в музыке, как гранж, депрессивные альтернативный рок и брит-поп. Эта музыка эксплуатировала накопившиеся фрустрированность и уныние, тем самым как бы давая разрешение на проявление этих эмоций, легитимизируя их. Так же возникла и молодежная субкультура эмо с ее акцентом на эмоциональной чувствительности и уязвимости.

Одним словом, запрос на осознанность в отношении эмоций в обществе назрел давно: многие понимают, что подавление эмоций ведет к нездоровью и саморазрушению, и стремятся становиться более внимательными и чуткими к себе и к окружающим. Старшему поколению, воспитанному в режиме отрицания эмоций, эта современная тенденция уважения к чувствам не всегда понятна. Подтверждением этому служит ироничное выражение «поколение снежинок» (англ. Generation Snowflake), вошедшее в американский обиход, — «олды» считают «чувствительную» молодежь неподготовленной к жесткой жизни. Однако это типичная подмена понятий, потому что по-настоящему эмоционально устойчивым и эффективным в общении мы становимся только через осознанность в отношении своих эмоций, через умение адекватно их выражать и ими управлять.

С эволюционной точки зрения многое указывает на то, что способность переживать эмоции возникла в нас небезосновательно. Если в ходе сотен тысяч лет развития человек выработал и сохранил способность переживать эмоции, значит, это свойство явно имело некое преимущество для всех поколений предков, передававших это свойство нам. Потому что именно так и работают два главных механизма эволюции — изменчивость и естественный отбор: то свойство, которое пригодилось, то есть помогло выжить и адаптироваться к условиям среды, закрепляется в физиологии и нейрофизиологии вида, оттачивается, совершенствуется и передается потомкам. Очевидно, что эмоции были и остаются необходимы для нашего выживания и адаптации. Эмоции – это инстинктивные реакции на ситуации, в которых от нас требуются определенные действия (*Steiner, 2009*). Есть ряд исследований, говорящих в пользу гипотезы о том, что сознание человека как вида возникло из постепенного развития эмоций. В сущности, человеческое сознание – это сознание чувствующего и переживающего себя (*Damasio, 1999*). Эмоции нужны нам для принятия решений и для того, чтобы делать выбор (*Steiner, 2009*).

1.1. ЭМОЦИИ: АУТЕНТИЧНОСТЬ ПРОТИВ РЭКЕТА

Переживая эмоции, мы не всегда отличаем свои аутентичные. т.е. настоящие, истинные эмоции от эмоций неаутентичных или замещающих. А отличать их важно, если мы желаем взаимопонимания и любви.

Также, стремясь не пораниться в отношениях еще больше, мы иногда подменяем эмоции – прячем раздражение за усталостью, а восторг за маской равнодушия. Мы запутываем сами себя: говорим «бесит», когда на самом деле огорчены, или «я в шоке», когда растеряны или ранены в самое сердце. В других мы видим ненависть там, где человек всего лишь возмущен или беспомощен и не умеет выразить свои чувства иначе. Эта приобретенная привычка путать и выдавать одни эмоции за другие – своего рода защитный механизм, но проблема в том, что он не защищает, а создает дистанцию между нами, что ранит чувства еще больше.

Склонность к таким подменам заметил еще Эрик Берн и сделал краткий набросок о ракетных чувствах как о поведенческих паттернах еще в своей статье 1964 года (*Berne, 1964*). Его подход к пониманию взаимодействия с точки зрения «предъявления» и перепроживания ракетных чувств позднее разрабатывали Мери и Роберт Гулдинги (*Goulding & Goulding, 1979*) и Ричард Эрскин (*Erskine, Zalcman, 1979*). Под ракетом (от англ. racketeering – вымогательство, шантаж) здесь понимается замещающий эмоционально-поведенческий паттерн, при помощи которого человек пытается (неэффективно) удовлетворить некую свою потребность в ограниченных рамках усвоенной им ранее адаптации.

Например, девочке внушали запрет на выражение злости или неудовольствия («ты же девочка!»), но не запрещали выражать грусть и подавленность и она, дабы получить желаемое в отношениях, научилась инструментализировать свою меланхолию и печаль. Или в мальчике не поощряли проявления чувствительности и нежности, принимая их за «девчоночьи черты» и он научился проявлять брутальность, получая за это поощрения и желаемое. Но при этом он разучился осознавать, что он на самом деле переживает.

Ракетные чувства это отсутствие в здесь и сейчас, неискренность, т.е. неаутентичность, оказывающая негативное влияние на качество отношений и иногда отражающаяся и на соматическом здоровье. Чем меньше запретов на осознанное переживание любых аутентичных эмоций и чувств, тем благополучнее наши отношения и наше здоровье.

Аутентичной считается эмоция, которая является откликом на некое событие в здесь и сейчас. Аутентично испугаться некой опасности. Или опечалиться утрате. Или рассердиться, если ожидание не оправдалось. Любая настоящая эмоция легитимна, то есть закономерна и обусловлена некой причиной. Аутентичные эмоции не являются чем-то бессмысленным или бесполезным, просто нам не всегда удается понять их пользу и смысл.

Принципы, по которым настоящие эмоции функционируют, можно сравнить с законами физического мира. Например, нам бы и не хотелось, чтобы бутерброд падал маслом вниз, но именно так работают гравитация и законы аэродинамики. Мы не хотим раздражаться или печалиться, но так работает наша психика: эмоции не возникают без причины, их функция – производить некое действие внутри нас.

Мы не можем плакать или смеяться без причины. Даже у профессионального актера это получается не просто так: чтобы убедительно изобразить смех или слезы, он должен знать, как и на какую «кнопку» в своем сознании ему следует «нажать», чтобы реактивировать нужный триггер, связанный с соответствующим переживанием из архива памяти. В остальных случаях любая эмоция (если это не «консерва») аутентична, а значит, оправданна. Причина эмоции может быть неочевидной, но она обязательно есть.

Методика развития эмоциональной грамотности помогает распознавать причинно-следственные связи между испытываемыми эмоциями и их первопричинами и называть их – максимально просто и своими именами: «твой отказ вызвал во мне злость», «когда ты проигнорировал мое сообщение, мне стало грустно». Важность этого умения заключается и в том, что оно позволяет управлять собственными эмоциями, и в том, что только так мы можем экологично донести до партнера касающуюся его информацию и грамотно повлиять на развитие отношений. Об умении устанавливать связи между эмоциями и их причинами мы подробнее поговорим в Главе 12, здесь лишь отметим, что оно помогает выстраивать коммуникацию и отношения наиболее эффективно и гармонично.

Адекватное выражение чувств — это соответствие чувств и эмоций словам, языку тела, тону голоса и мимике. Если человеку горько и больно, а он смеется или с улыбкой рассказывает о произошедших с ним неприятностях — это так называемый смех висельника, не имеющий ничего общего ни с юмором, ни с веселостью. И такая неконгруэнтность мешает взаимопониманию и адекватному решению текущей задачи. Так же важно и адекватно реагировать на эмоции других, особенно если наши действия стали их причиной.

В довербальной фазе развития дети, испытывая эмоции, не могут выразить их словами и поэтому плачут, смеются и кричат, пытаясь донести до нас свои переживания. Взрослея, они учатся интуитивно понимать эмоции других, а также различать и более или менее адекватно выражать собственные. Однако иногда нам просто негде и не у кого этому научиться и потому как взрослые мы всего этого не умеем или, находясь в стрессовой ситуации, переживаем регрессию и становимся крайне неэффективными в общении. В такие моменты человек может сжиматься от боли или становиться красным от злости, но при этом ему кажется, что он не испытывает никаких чувств: привычка подавлять и вытеснять эмоции не допускает их в сознание, и тело как бы само по себе выражает эти эмоциональные переживания как может.

В моей работе бывает, что клиент, затронув чувствительную для себя тему, помимо воли вдруг начинает плакать. Чтобы поддержать контакт клиента с реальностью и не дать эмоциям его затопить, в такой момент я спрашиваю: «Что за эмоцию вы сейчас ощутили, когда заговорили о болезненной теме?» И ответ часто звучит как «Я думаю, что это было несправедливо» или «Я ничего не чувствую». При этом по покрасневшим щекам катятся слезы, губы и руки дрожат и человек со всем этим справляется с явными усилиями… И только осознав и приняв собственную эмоцию, то есть оставив попытки вытеснить ее и «задушить», он возвращает себе здоровый внутренний баланс.

Здесь уместно упомянуть, как именно мы разучаемся свои эмоции осознавать. В одном путешествии со мной произошел образцовый эпизод на эту тему. Входя в помещение и открывая дверь от себя, я внезапно услышала глухой звук от удара о что-то внутри. Оказалось, мне навстречу шла женщина с ребенком в сумке-кенгуру и голова ребенка, выдававшаяся вперед на уровне маминой груди, как раз и ударилась о дверь. Ребенок, разумеется, захныкал от испуга, а мама тут же зашикала на него, приговаривая «nichts passiert, nichts passiert!» («ничего не случилось, ничего не случилось!»).

Другая ситуация как из палаты мер и весов: маленькому мальчику, упавшему с велосипеда и больно ободравшему колени, папа строго говорит: «Ну не страшно, до свадьбы заживет. Не плачь, ты ж мужик!»

В обеих ситуациях ребенок переживает некие эмоции и в итоге делает выводы о своих переживаниях, исходя из реакции взрослых. Если ребенку больно или страшно, но его не утешают, а говорят, что ничего не произошло, то он вынужден как-то встроить это противоречие в свою реальность и снять возникший когнитивный диссонанс. Потому что тут одно из двух: либо ребенок со своей эмоциональной реакцией неадекватен, либо неадекватны родители со своей оценкой его переживаний и их причин. Поскольку от родительских фигур мы в детстве эмоционально зависим и в целом они являются для нас авторитетами, выбор падает в пользу их адекватности, а не своей.

Здоровой же реакцией родителя в подобных ситуациях является сочувствие и утешение, при котором родитель не обесценивает эмоции ребенка, то есть не говорит, что «ничего не случилось» и что «на самом деле» это не больно. Можно посочувствовать и без слов, просто обняв ребенка. А можно вербализовать переживания, например, так: «Я понимаю твою злость, меня бы это тоже разозлило» или «Конечно, это грустно/больно/пугающе». Чаще всего родители избегают проговаривать эмоции ребенка из лучших побуждений, стремясь как бы сократить его страдания или боясь сделать из него «нежную мимозу» этим «сюсюканьем». Но эффект получается не в пользу ребенка: адаптируясь под родительские ожидания и представления, он учится вытеснять эмоции и начинает считать чем-то неадекватным как эмоции, так и порой себя самого: «нормальные люди не испытывают этих эмоций, значит, я ненормальный».

Эмоции частно используется родителями как своего рода средство контроля и управления детьми. Например, родитель гневается или нарочито повышает голос, стремясь вызвать предсказуемый страх в ребенке и тем самым вынудить его что-то делать или наоборот не делать. Или, будучи уже немолодым родителем повзрослевшего ребенка, выказывает свое неудовольствие, обиду, подавленность, чтобы вызвать чувство вины или как минимум дискомфорт и сподвигнуть ребенка на заботу о себе. Родители делают это неосознанно, лишь потому что не нашли иных способов эффективного взаимодействия и потому что и сами, будучи детьми, усвоили этот паттерн от своих родителей. Эффект от таких попыток «управления» другими всегда негативный: вместо комфортного взаимодействия двух равных по ценности близких людей возникает неискренность и отчужденность.

Рассматривая эмоциональную жизнь человека в ее совокупности, можно сказать, что любой из нас испытывает определенные эмоции или эмоциональные состояния не только как реакции на некие события, а и бессознательно притягивает в свою жизнь события и отношения, эффектом которых являются некие эмоции или эмоциональные состояния. Чем более осознанно вы подходите к пониманию этой взаимосвязи, там больше вы можете успешно влиять как на события в вашей жизни, так и на свои эмоциональные переживания.

Мы сами можем осознанно выбирать, какие эмоциональные состояния нам переживать – посредством формирования тех отношений, которые нам их обеспечат. Недостаток осознанности неизбежно ведет к созданию отношений, в которых мы «вынуждены» переживать фрустрированность, дисфорию, неудовольствие или злость, а осознанность позволяет формировать отношения, которые станут источником радости и счастья.

1.2. ШКАЛА ЭМОЦИОНАЛЬНОЙ ОСОЗНАННОСТИ

Для умения эффективно управлять своими эмоциями нам необходима эмоциональная осознанность, то есть контакт с собственными эмоциями и ясность в отношении того, как эмоции возникают. В эмоционально-сложной ситуации шкала эмоциональной осознанности (см. Рис. 2) поможет понять, на какой ступени осознанности вы в данный момент находитесь и какой следующий шаг поможет вам в восстановлении саморегуляции и контроля над ситуацией. Каждая из ступенек этой шкалы отражает степень осознанности в отношении своих эмоций и эмоций других людей.

Например, если вы обнаружили себя на уровне эмоциональной глухоты (вы в замешательстве, «ничего не чувствуете» и как бы «зависли» в этом состоянии), то ваша задача – попытаться через физические ощущения определить эмоцию, которую вы испытываете (для этого можно воспользоваться картой эмоций). На какую из эмоций больше всего похожи ваши ощущения? С каким более ранним опытом вы можете ассоциировать эти переживания? Это упражнение на осознанность можно проделать самостоятельно или попросить помочь кого-то, с кем вы ощущаете себя комфортно и на чье понимание можете рассчитывать.

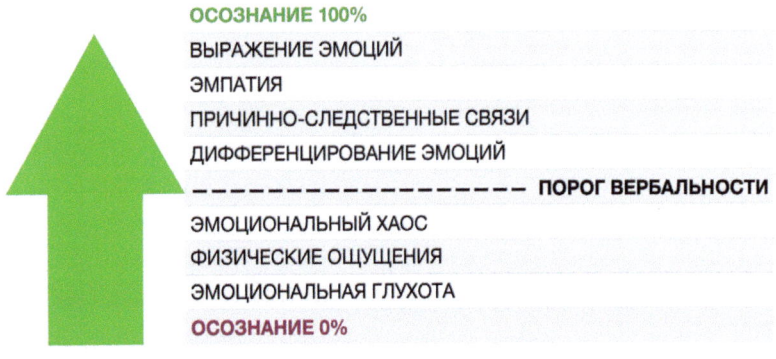

Рисунок 2. Шкала эмоциональной осознанности по Клоду Штайнеру

Рассмотрим детальнее стадии, отраженные на этой шкале.

Эмоциональная глухота – это своего рода защитный механизм, позволяющий психике «отключить» поток (травмирующей) информации, который в противном случае ей бы пришлось обрабатывать, т.е. оценивать ее, принимать решение, брать на себя ответственность. Шок, эмоциональная «отключка» – способ избежать эмоциональной боли. Это и своего рода регрессия, откат на более раннюю стадию психофизиологического развития: за младенца все решает родительская фигура, и ему самому ничего не нужно знать и предпринимать для удовлетворения своих потребностей. Осознанность в отношении эмоций при этом близка к нулю. Именно в таком состоянии человек потенциально может нанести наибольший вред себе или окружающим, поскольку не понимает и не контролирует это состояние.

Физические ощущения напрямую связаны с эмоциями: повышение кровяного давления, учащение сердечного ритма и ритма дыхания, расширение зрачков, усиленное потоотделение, тремор, покраснение кожных покровов, гусиная кожа — эти и многие другие телесные симптомы, как правило, сопровождают такие базовые эмоции, как страх и злость. При этом сам человек может не осознавать этих эмоций. Человеку, в силу его опыта, может быть стыдно или небезопасно (за это наказывали) переживать определенную эмоцию, и потому он ее «прячет» даже от собственного сознания. Однако, если эмоция не осознается, это не значит, что она не переживается. Взять ее под свой контроль можно, только правильно распознав.

У многих из нас есть неосознаваемый запрет на эмоции и именно из-за него нам бывает трудно признать, что мы испытываем, например, страх или ярость: «Я? Боюсь?! Да никогда!», «С чего бы мне злиться? Мне все равно!». При этом физические симптомы переживать нам «не запрещено», и мы можем о них говорить гораздо более свободно: многие иносказания в нашей речи имеют отсылки к физическим и физиологическим состояниям, сопровождающим эмоциональные переживания. «Волосы дыбом встали», «мурашки по коже», «сидит в печенках», «это головная боль», «это просто геморрой какой-то», «комок в горле», «сердце в пятки ушло» и так далее – все это эзопов язык эмоций, так хорошо понятный любому из нас. Научиться «переводить» эти телесные иносказания на язык эмоций – второй важный шаг в направлении эмоциональной осознанности.

Эмоциональный хаос – это метафора неумения определять эмоции, которую можно выразить формулой «я чувствую что-то, но не могу выразить, что именно». Это сконфуженность, смятение, дезориентированность, ажитация, то есть бессмысленная суетливость вместо наведения порядка в мыслях и восстановления контакта между рассудочностью и эмоциональностью. Между эмоциональным хаосом и следующим пунктом данной шкалы – умением дифференцировать эмоции – лежит вербальная граница, означающая способность выразить свои эмоции словами. В норме эта граница преодолевается в детстве, если ребенок растет в семье, где принято уважать эмоции каждого из членов семьи и адекватно выражать их. Так человек приобретает навык осознавать, определять эмоции и свободно о них говорить. Если же климат в семье этому не способствовал, то качественная психотерапия помогает научиться определять и выражать эмоции и во взрослом возрасте.

Дифференцирование эмоций – это умение четко отличать одну эмоцию от другой, не путая их. Классические признаки неумения дифференцировать эмоции – выражения вроде «мне смешно», когда на самом деле по-настоящему страшно, или «да мне все равно!», когда внутри кипит ярость. Ничто так не запутывает общение, как подмена одной эмоции другой и неумение видеть между ними разницу.

Умение устанавливать причинно-следственные связи между переживаемой эмоцией и тем, что ее вызвало – в нас самих или в другом человеке, – это уже верхний регистр эмоциональной осознанности и необходимая предпосылка для взаимопонимания, т.к. многие конфликты начинаются именно с недопонимания истоков собственных эмоций и эмоций другого и их причин.

Однажды я наблюдала сцену, в которой мальчик-подросток жаловался маме на свою маленькую сестру, рассердившись на нее: «Да у нее просто эти дни!» Выражение «эти дни» мальчик явно услышал от кого-то из взрослых и не понимал, что в силу возраста это объяснение ну никак не может быть применимо к его маленькой сестре. Это пример пусть и неуспешной, но все же попытки установить связь между настроением сестры и его причиной – для мальчика важно было именно «установить», что этой причиной были не его действия. Эта ситуация является также примером псевдо-обоснований обесценивающего свойства, весьма распространенных в общественном сознании и якобы объясняющих причины эмоциональных состояний. А еще это иллюстрация того, что отсутствие понимания в отношении причин чьей-то эмоции может лишь усугубить ситуацию и обострить конфликт. В действительности сестра мальчика была рассержена как раз поведением брата, просто не сумела это адекватно выразить. Своей же интерпретацией брат только рассердил ее еще больше: мало того, что не признал свою ответственность, так еще и приписал сестре некое непонятное, но явно непозитивное свойство.

Приведу два примера осознания и формулирования причинно-следственных связей, помогающих восстановить здоровый диалог и взаимопонимание:

«Я раздражен, потому что воспринял твой поступок как пренебрежение моими чувствами»,

«Мне тревожно, потому что я опасаюсь твоего гнева и отвержения».

Эти примеры подходят как «для внутреннего пользования», когда цель — вернуть самому себе ясность и душевный покой, так и для налаживания диалога с другим, потому что понимание того, что пошло не так, позволяет восстановить доверие и найти оптимальное решение. Если в диалоге с близким человеком не называть, подменять или утаивать свои эмоции, искреннего диалога не получится, а отчуждение и недопонимание усугубятся.

А вот примеры установления причинно-следственной связи в отношении чувств другого:

«Мне кажется, что ты сердишься, потому что я не оправдал твоих ожиданий»,

«Я думаю, тебе грустно, потому что тебе пришлось слишком долго меня ждать».

Тут важно отметить, что выражать свое представление о причинно-следственной связи в отношении чьих-либо эмоций лучше всего в форме предположения, которое следует еще проверить, иначе оно может быть воспринято как упрек или обвинение. И выражать предположения важно, предварительно убедившись, что адресат готов его услышать — только так вы восстановите взаимопонимание и комфортную близость (подробнее об этом — в Главе 11).

Эмпатия — это интуитивная способность понимать эмоции, которая непосредственно связана с функцией так называемых зеркальных нейронов (*Бауэр, 2009; Риццолатти, Синигалья, 2012*). Зеркальные нейроны это специализированные нейроны коры головного мозга, которые активируются как при выполнении определенного действия, так и при наблюдении за тем, как некто другой выполняет это действие. Суть эмпатии можно выразить так: «Я не ты, но я понимаю, что ты чувствуешь».

Степень эмпатичности у людей различна. Есть люди,

умеющие сопереживать и понимающие эмоции других без лишних объяснений, безошибочно «считывающие» мимику лица, язык тела и тон голоса. А есть те, кому, в силу определенных обстоятельств или индивидуальных особенностей уже во взрослой жизни приходится осваивать и развивать навык эмпатии. Важный аспект эмпатии – осознавание границы между собой и другим, между своими и чужими эмоциями и разной степенью ответственности за них. Ясность в отношении личностных границ предотвращает эмоциональное выгорание и вовлечение в нездоровые отношения (подробнее об этом – в главе 12).

Эмоциональная интерактивность – это умение при необходимости донести до адресата информацию о собственном эмоциональном переживании так, чтобы адресат правильно понял эти эмоции и их причину, а не строил на этот счет догадки. Целью выражения эмоций может быть, например, желание получить поддержку и понимание или услышать просьбу о прощении за то действие другого человека, которое доставило дискомфорт.

Не бывает полного взаимопонимания без понимания эмоций друг друга. Не бывает комфортной близости без полного взаимопонимания. Только по-настоящему понимая друг друга на эмоционально уровне, мы можем успешно договариваться.

Рассказывая о том, для чего нужны эмоции в нашей психической жизни и какую функцию они выполняют, важно отдельно упомянуть и о том, что напрямую с ними связано, – о поглаживаниях. Именно о них пойдет речь в следующей главе.

Глава 2. ПОГЛАЖИВАНИЕ КАК ЕДИНИЦА ПРИЗНАНИЯ

Мне вспоминается один эпизод из той поры, когда я обучалась трансактному анализу в Киеве. В рамках семинаров и мастер-классов там нередко проводились практические занятия, и среди них был следующий эксперимент. Доброволец вызывался побыть «в шкуре отвергаемого», чтобы ощутить на себе все эффекты игнорирования группой. Всем остальным участникам на протяжении эксперимента следовало намеренно избегать любых контактов с этим добровольцем (включая визуальный) и игнорировать его попытки с кем-то заговорить.

Таким образом, доброволец полностью исключался из группы, а все остальные участники при этом нормально общались между собой. Это не было прямо выражаемым отвержением или презрением, его просто игнорировали. По окончании эксперимента доброволец делился своими впечатлениями и эмоциями от произошедшего: у всех испытуемых они были крайне неприятными, вплоть до физиологических симптомов, похожих на симптомы стресса (в том числе учащенное сердцебиение). Эмоционально ситуация игнорирования воспринималась как душевная боль и мука, которую было крайне неприятно терпеть и хотелось поскорее закончить. Иногда первопричиной этой нежелательной эмоциональной реакции была некая ситуация отвержения из прошлого, а теперешняя ситуации послужила лишь триггером сильных эмоций из прошлого, что не сразу осознавалось и потому не сразу поддавалось контролю. Одним словом, это был опыт, помогающий понять значимость для нас характера взаимодействия с другими.

Фундаментальным мотивом человеческого поведения К. Штайнер вслед за своим учителем Э. Берном считал так называемые поглаживания (*Berne, 1964; Steiner, 2009*). Поглаживание (от англ. stroke – касание, поглаживание) – это единица признания, то есть сигнал о том, что ты воспринят другим. В рамках общения и отношений мы обмениваемся поглаживаниями в самых разных формах, которые будут подробно рассмотрены ниже.

В своей книге «Игры, в которые играют люди» (*1964*) Э. Берн писал: «Можно утверждать, что есть биологическая цепочка, которая ведет от эмоциональной и сенсорной депривации через апатию к дегенеративным изменениям и смерти». С тех пор наука ушла далеко вперед: сегодня техника позволяет нам исследовать мозг и эмоциональные реакции не только на уровне гипотез, но и эмпирически: мы можем видеть на мониторе томографа, как то или иное социальное взаимодействие активирует определенные центры в мозге, подтверждая тезисы крупных теоретиков.

Так, недавно исследователи Массачусетского технологического института выяснили, что невозможность общаться, то есть полная социальная депривация, вполне сравнима с физиологическим голодом с точки зрения нейрофизиологии (*Tomova et al., 2020*). Наш мозг реагирует на «голод по поглаживаниям» так же, как на голод по пище, без которой мы можем умереть. Физиологический голод ведет к запуску системы вознаграждения в нашем мозге: если голодный человек видит что-то вкусное, то дофаминергические нейроны в его мозге активируются и в щели синапсов выбрасывается дофамин, которого при этом выделяется больше, чем в состоянии сытости. Это мотивирует человека удовлетворить свою потребность, то есть добыть и съесть еду. То же самое происходит в мозге после определенного времени полной изоляции и отсутствия контактов: человек становится «заточен» на контакт.

Берн писал: «Голод по стимулу имеет такое же отношение к выживанию человеческого организма, как и голод по пище» (*Берн, 1964*). Метафора голода здесь вполне уместна еще и в том смысле, что, по аналогии с потребностью в питании, мы не можем удовлетворить эту потребность, что называется, один раз и навсегда: так же, как мы нуждаемся в регулярном питании для физического выживания, для поддержания психологического гомеостаза мы нуждаемся в регулярных поглаживаниях. Это и определяет нас как существ социальных.

Изначально Берн уделял большое внимание человеческой потребности в социальных контактах (источнике необходимой стимуляции) и самому голоду по стимулу (англ. stimulus-hunger): «способность человеческой психики поддерживать адекватность эго-состояний, по-видимому, зависит от меняющегося потока сенсорной стимуляции» (*Berne, 1961*). Позже Берн вводит само понятие поглаживания: «Поглаживание – это единица признания… единица внимания, которая обеспечивает индивиду стимуляцию» (*Berne, 1964*). Многие трансактные аналитики в своей практике определяют поглаживание как «единицу любви».

Любое из этих определений справедливо и применимо в том или ином социальном или образовательном контексте. И в то же время мне кажется, что поглаживание прежде всего связано с индивидуальной ценностью человека – ведь оно является инструментом, с помощью которого мы подтверждаем чью-то ценность или даем понять, что отказываем в ней. Для того чтобы проиллюстрировать этот тезис, приведу несколько закономерностей из области человеческих отношений.

- В рамках взаимодействия мы не всегда стремимся удовлетворить именно потребность в любви,

однако в любом социальном контексте мы хотим, чтобы нас ценили, а не обесценивали.
- Мы дорожим проявлениями любви от тех, кто ценен в нашем восприятии. И нам не льстит, когда нас любит кто-то, с кем нам не хотелось бы быть идентифицированным, ибо субъективно это «понизило» бы нашу ценность.
- Намеренный отказ в поглаживании, то есть осознанное игнорирование и избегание контакта, – это недвусмысленное выражение отношения и один из сигналов обесценивания, содержащий послание «ты недостаточно ценен, чтобы уделять тебе внимание» или «ты должен быть наказан». Мы не обращаемся так с теми, кем по-настоящему дорожим.

Поглаживания могут быть вербальными и невербальными. Вербальные поглаживания – это слова, высказывания, замечания. Невербальные поглаживания очень разнообразны в своих проявлениях: визуальный контакт, рукопожатие, прикосновение, объятие, поцелуй, в том числе воздушный, мимика и жестикуляция... Выбирая, на что более полагаться, воспринимая, поглаживание, мы склонны более полагаться на невербальную его часть – она куда более информативна. Невербальная составляющая живого общения сообщает нам о текущем отношении к нам собеседника, и поэтому в социальных сетях и мессенджерах нередко возникают взаимные недопонимания и недоразумения – ведь нам часто остается только гадать, что за отношение и настроение стоят на самом деле за текстовым сообщением и смайликами, оставляющими так много пространства для интерпретаций.

Тон голоса и интонация – это мощные инструменты, усиливающие эффект от поглаживания. С помощью определенного интонирования некое вербальное сообщение можно наделить и прямо противоположным смыслом: например, такое обращение, как «Уважаемый, будьте любезны», произнесенное с пренебрежительной интонацией, может производить даже более выраженный обесценивающий и ранящий чувства эффект, чем грубость, произнесенная прямым текстом.

Существуют поглаживания, которые содержат в себе противоречащие друг другу содержание и интонацию, – например, обращения «ах ты ж мой маленький мерзавец», и именно по интонации мы безошибочно считываем заложенный в них ласковый посыл.

Или любимая забава детей и взрослых – битва подушками: по сути своей это нанесение ударов, но с каким удовольствием и весельем можно вести эту битву! При этом гораздо менее ощутимый шлепок по попе в сочетании с гневом в лице – это однозначно не то поглаживание, что доставляет нам удовольствие. Что же помогает нам отличать положительные поглаживания от отрицательных? Дело в том, что мы всегда интуитивно считываем намерение, скрытое за определенным действием или высказыванием, безошибочно отличая доброжелательное от враждебного. Поглаживанием можно очень больно ранить, а можно исцелить, вернуть веру в себя и свои силы.

Некоторые поглаживания служат приглашением в силовую игру (англ. power play): под этим термином подразумевается манипулятивная коммуникация, в которой один участник общения обеспечивает себе преимущества за счет другого. Такие поглаживания-приглашения – это своего рода «крючки», которые вызывают в нас определенные эмоциональные реакции и вынуждают предсказуемо реагировать не в нашу пользу. О том, как определять такие поглаживания и как на них реагировать, мы поговорим в Главе 8.

Итак, поглаживания могут производить желаемые и нежелаемые воздействия. Степень желаемости получатель определяет для себя сам. И вот на этом этапе иногда возникают сложности. Иногда мы не сразу или вообще не можем определить, желаемое или нежелаемое поглаживание получили. Это может быть связано с внутренней цензурой: скорее всего, поглаживание на самом деле было нежелаемым, но мы либо боимся себе в этом признаться, либо так изголодались по поглаживаниям, что даже плохие поглаживания кажутся нам «питательными».

Эту склонность к цензуре и когнитивным искажениям часто используют манипуляторы для управления объектами своих манипуляций. В гармоничных отношениях нет места двусмысленным поглаживаниям с элементами обесценивания. Здоровые отношения – это прежде всего искренность намерений, отсутствие попыток манипулировать и умение открыто договариваться о желаемом. Если вы восприняли поглаживание как неприятное, вероятно, оно и в самом деле было не совсем свободно от обесценивания, вопрос лишь в том, намеренным или неумышленным было это обесценивание. В любом случае можно это прояснить и вежливо, в необесценивающей форме попросить не делать поглаживаний, вызывающих у вас дискомфорт.

Вообще, поглаживания довольно часто имеют «побочный» эффект – они становятся триггером предположений, догадок, подозрений. Иногда эти предположения близки к реальности, а иногда являются лишь ошибочными гипотезами. Например, тон голоса или мимика могут показаться нам сигналами того, что человек не рад нас видеть. Если это совпадает с уже имеющимся опытом или опасением, то в нас сразу запускается то, что Штайнер называл непроверенной фантазией. Такая фантазия может и не иметь под собой оснований – например, человек только что получил неприятное известие, не связанное с нами, и он просто не может в данный момент испытывать радость от встречи, а мы принимаем это на свой счет. О непроверенных фантазиях и о том, как их правильно проверять, мы поговорим в Главе 11.

Еще одна тонкость: в разное время у нас может возникать голод по совершенно разным поглаживаниям. Например, когда мы очень вложились в выполнение некой работы, закономерно хотеть получить похвалу и положительную рецензию на эту работу, а когда мы постарались отлично выглядеть – нам приятно будет слышать комплимент о нашей внешности. И никак не наоборот.

Есть и так называемые пластиковые, то есть искусственные, неискренние поглаживания, которые преследуют некую скрытую цель эмоционального или материального свойства, – это лесть, заискивание, неискренняя похвала. Эффект от них совсем не тот, что от поглаживаний искренних и желанных.

Сравнивающие поглаживания могут производить неприятный эффект в силу того, что сравнения неизбежно содержат в себе некий скрытый элемент обесценивания: например, в высказывании «сегодня ты выглядишь лучше» можно уловить скрытое послание «вчера/раньше было хуже», и если речь не о болеющем человеке, то это нельзя считать комплиментом. Отдельный случай – сравнение с кем-то в присутствии «не лучшего примера». Если это не соревнования, в которых каждый участник как бы заведомо соглашается на оценивание его, то такое сравнение не лестно никому.

Наше восприятие других людей напрямую зависит от того, источником каких поглаживаний они для нас являются. Логично, что мы тянемся к людям, которые дарят нам желаемые поглаживания, и избегаем тех, от кого получаем нежелаемые. Степень желаемости поглаживаний определяется одним критерием, связанным с нашей потребностью в подтверждении ценности: желаемые поглаживания это те, которые в нашем восприятии нашу ценность подтверждают, нежелаемые – отрицают или снижают.

Поглаживания вызывают в нас самые разные эмоции. В условиях дефицита желаемых поглаживаний мы испытываем негативные эмоции и переживания, своего рода синдром отмены. Получая желаемые поглаживания, ощущаем целую гамму радостных эмоций – это активируется механизм вознаграждения в мозге и допамин, серотонин и окситоцин обеспечивают нам наиприятнейшие ощущения. Поглаживания жизненно важны для нас, и иногда мы соглашаемся даже на обесценивающие, руководствуясь принципом, что лучше получать плохие поглаживания, чем вообще никаких.

Наиболее интенсивные эмоции и чувства, по моим наблюдениям, рождают те поглаживания, которые либо подтверждают нашу индивидуальную ценность, либо отрицают ее, заставляя нас в ней сомневаться. Отсутствие поглаживаний, то есть игнорирование со стороны того, от кого мы ожидаем любви, больно ранит чувства и вызывает порой довольно интенсивные и продолжительные негативные эмоциональные состояния – дисфорию, упадок сил, отсутствие мотивации. Понять, как и почему вместо желаемых эмоций возникают нежелательные, поможет нам следующая глава, в которой мы разберем, как устроены наши потребности.

Глава 3. О ЧЕМ СИГНАЛИЗИРУЮТ ЭМОЦИИ

Наши эмоции тесно связаны с потребностями. Обычно своим клиентам эту взаимосвязь я показываю с помощью следующей метафоры.

Представьте, что вы – пилот самолета, которому нужно добраться из пункта А в пункт Б. Все идет хорошо, полет нормальный. Но спустя некоторое время на приборной доске начинает мигать маленькая желтая лампочка. Других неполадок нет – солнце светит, мотор гудит, самолет летит, поэтому вы продолжаете полет. Вдруг цвет мигающей лампочки меняется с желтого на красный. Вы летите дальше, потому что не видите никаких серьезных помех полету. Вы не меняете свою стратегию поведения и не обращаете внимания на лампочку, ведь все остальное, кажется, в полном порядке и вам надо лететь. Проходит еще какое-то время, и тут на приборной доске загорается предупреждающий красный знак. Но вы игнорируете и его – ведь на земле с самолетом все было в порядке! И в прошлых ваших полетах все было в порядке… Нет причин для беспокойства. «Эти лампочки не так важны, они для паникеров, – думаете вы, – а я-то не паникер, мне нужно лететь дальше. На всю эту ерунду у меня времени нет».

В этом месте я задаю вопрос: «Как вы думаете, что может с таким пилотом произойти?» Как правило, клиент отвечает: «Ну, что-то не очень хорошее. Он может упасть и разбиться, ведь в самолете явно какая-то неполадка». Бинго! Конечно, он может упасть, если проигнорирует все предупреждающие сигналы лампочек и не отреагирует на них адекватно.

Кардиологические пациенты, которые до недавнего времени не знали, где находится сердце, а после «внезапного» инфаркта оказались в нашей реабилитационной клинике, тоже понимают эту метафору очень хорошо.

Потому что они, эти еще довольно молодые люди, – те самые пилоты, которые игнорировали свои эмоции и состояния, давно указывавшие им на то, что их потребности не удовлетворяются в должной степени. Их «лампочками» были беспокойство, бессонница, тревожность, раздражительность, возможно, панические атаки.

...Торстену всего 39 лет. Он попал в нашу клинику после инфаркта и клинической смерти. Событие застигло его врасплох: он говорит, что ему очень неприятно, что теперь его «пакуют в вату», как хрупкую елочную игрушку. Его жена напугана, а двое маленьких детей еще не понимают, что произошло.

– Я теперь с ужасом думаю о том, что мне придется вернуться на работу. Я привык работать по 70 часов в неделю, и это никогда не было проблемой для меня. Наша фирма расширяется, в прошлом году я получил больше полномочий и больше ответственности, мой шеф ожидает от меня большого эффекта для фирмы... Теперь мне неуютно от одной мысли, что я должен буду работать в более спокойном ритме. Как я преподнесу это моему боссу? Он мне уже трижды звонил и спрашивал, когда я выйду, но кардиолог сказал, что мне нужно будет после реабилитации ходить еще в группу здоровья для кардиологических пациентов, а потом – только частичная занятость, то есть работать не больше 40 часов в неделю... Это просто смешно! ...У меня в последнее время все вертится в голове одна картинка из детства. Мой отец был водителем школьного автобуса и был знаменит во всей округе тем, что вечно подгонял учеников, вынуждая их бежать к автобусу, а то без них бы и уехал. Со своего водительского места он показывал им рукой вращающий жест: мол, давай поторапливайся – или жал на педаль газа, издавая мотором характерный звук, и они бежали, опасаясь не успеть... Это его посто-

янное стремление *торопиться* и внутреннее напряжение настолько въелись в меня, что мне теперь просто дико быть вот здесь на курорте и как бы ничего не делать...

Торстен растерян и невольно начинает плакать. Ему крайне неудобно, он просит прощения, как если бы это было что-то ненормальное или стыдное. Лишь успокоившись, он произносит: «У меня в голове не укладывается то, что сказал кардиолог, – что, если бы меня доставили в интенсивное отделение на пять минут позже, меня могло бы уже и не быть...»

В любой неясной эмоциональной ситуации уместно следовать правилу «cherchez la потребность»[2]. Так же, как сыщик ищет того, у кого был мотив совершить преступление, вам следует определить потребность, которой «выгодна» эта эмоция. Грамотно осознав и проанализировав любую эмоцию, вы обнаружите, что она связана с определенной потребностью: если потребность не удовлетворена, эмоция «включается» как сигнал того, что «что-то пошло не так».

В случае с Торстеном это было беспокойство, сигнализировавшее ему о неудовлетворенной потребности в регулярном отдыхе и расслаблении. Эта потребность с детства была для Торстена под запретом («ты должен функционировать!»), и беспокоиться ему было тоже нельзя («ты же мужчина!») – торопящий всех папа неслучайно всплыл в его памяти. И конечно, неудовлетворенной была и потребность в любви: своим чрезмерным рабочим ритмом Торстен пытался заслужить себе право на любовь и признание («меня не будут любить, если я стану работать меньше»).

За любой нашей деятельностью и любым нашим мотивом стоят потребности и каждый день с утра до ночи мы

---

2 Отсылка к французскому выражению «cherchez la femme», которое означает «ищите женщину» как источник мотива.

заняты исключительно тем, что пытаемся удовлетворить их прямо или опосредованно – заработать на хлеб насущный, снискать уважение и любовь, обезопасить себя и своих близких... Даже тот факт, что вы читаете этот текст, – это тоже следствие какой-то потребности: в определенных умениях и компетенциях, которые помогут улучшить ваши отношения, повысить адаптивность, социальный статус и качество жизни... Многие конфликты в отношениях возникают именно на уровне потребностей, и их можно легко и быстро решать или вовсе предотвращать, если осознавать природу конфликта и уметь об этом спокойно разговаривать. Простой пример конфликта на уровне потребностей: если в квартире, где живут несколько человек, есть лишь одна ванная комната – это само по себе уже предпосылка для возникновения конфликтов по утрам и вечерам.

Важно отметить, что наше поведение определяют не только наши потребности, но и такие феномены психической жизни, как желания и представления. В отличие от потребностей, желания и представления могут быть ситуативны и индивидуальны, в то время как потребности универсальны для всех людей – и именно они в наибольшей мере определяют нашу жизнь и отношения. Например, с возрастом может радикально меняться ваше представление о том, что такое любовь, в каком виде и от кого вы хотели бы ее получать, но сама потребность в любви неизменно будет с вами всегда. Ваши желания могут измениться (вы можете отказаться от них, передумать или исполнить), но ваши потребности отменить невозможно. Видеть разницу между желаниями и потребностями важно и тем, кто строит свои взрослые отношения, и тем, кто растит детей. Принимать потребность за каприз и не видеть за эмоцией потребность это частая ошибка родителей.

В психологии есть несколько подходов к пониманию человеческих потребностей, каждый из которых по-своему интересен. С чисто практической точки зрения пирамида потребностей А. Маслоу на мой взгляд больше всего соответствует психотерапевтическим целям и задачам. Поскольку в фокусе нашего внимания находятся прежде всего отношения, я внесла в схему некоторые дополнения, иллюстрирующие мою точку зрения на потребности социального порядка (Рис. 3).

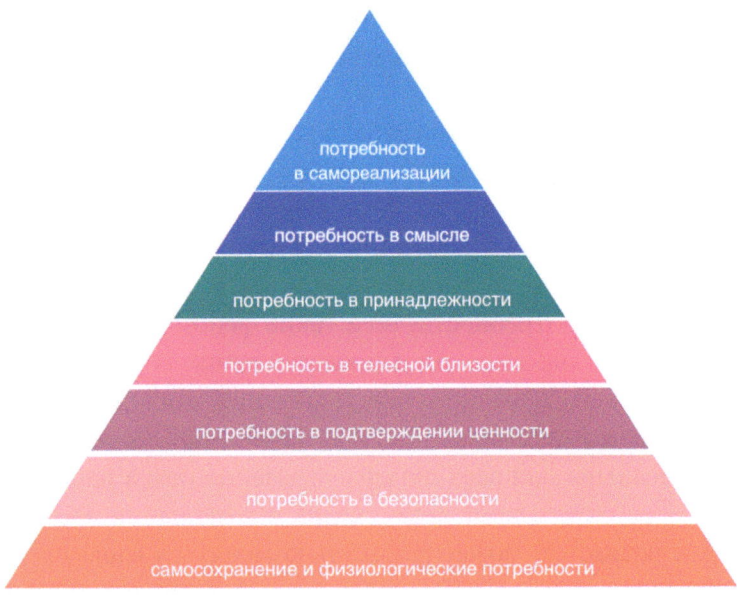

Рисунок 3. Пирамида потребностей по Абрахаму Маслоу, уточненная по принципу ценности.

Для создания длительных благополучных отношений необходимо понимать, как именно неблагополучие возникает. В качестве ключевой мне представляется здесь потребность в подтверждении индивидуальной ценности, ведь именно с ней связан целый ряд весьма интенсивных чувств, эмоций и эмоциональных состояний, которые мы испытываем в рамках наших отношений и коммуникации с другими. Поэтому в пирамиде потребностей по Маслоу на месте потребности в уважении (почитании) я расположила потребность в подтверждении ценности.

Выражения любви, симпатии, привязанности, уважения и благодарности это лишь разные формы одного и того же — подтверждения ценности того, к кому они обращены. Понимая аспекты потребности в подтверждении ценности как центральной потребности в наших взаимодействиях мы можем более точно, полно и при этом непротиворечиво объяснять и понимать наши поведение, мотивы и эмоции. Подробнее о самой этой потребности мы поговорим в следующей главе, в этой же сосредоточимся на потребностях в целом и на том, как они проявляются.

Для разных людей и даже для одного человека в разных жизненных ситуациях иерархия потребностей складывается индивидуально. Маслоу полагал, что потребность в самоактуализации проявляется только при условии удовлетворения других, более базовых потребностей: то есть творчеством и самореализацией человек склонен заниматься, если удовлетворена его потребность в пище и в крыше над головой. Это, разумеется, по большей части так, однако всегда были люди, готовые жертвовать не только безопасностью и сытостью, но даже самой жизнью ради того, что они считают делом своей жизни.

В современном контексте особенно показательны истории исследователей, которые еще со времен эпидемии оспы испытывали на себе действие вакцин или изучали способы заражения, нанося на собственное тело секреты больных людей, а также примеры врачей, самоотверженно спасающих чужие жизни. Мне представляется, что такая самоотверженность напрямую связана с потребностью в подтверждении собственной ценности: ведь человек, спасающий последующие поколения от смертельных болезней, или врач, совершающий профессиональный подвиг, это безусловно, замечательные личности, оставляющие след в истории, то есть особо ценные личности. Так или иначе, аспект подтверждения ценности имеет смысл учитывать при анализе человеческого поведения и его мотивов.

В силу многообразия потребностей для нас могут быть актуальны сразу несколько из них, и иногда удовлетворение одной потребности может блокировать удовлетворение другой. Например, «бороться» между собой могут потребность в пище и потребность в любви, если человеку кажется, что стройность это необходимая предпосылка любви. Потребность в регенерации и отдыхе может конфликтовать с потребностью к самореализации – и тогда человек посвящает своему призванию все свои ресурсы, в ущерб сну и здоровью. Так, Торстен из примера выше разрывался между потребностью в признании и потребностью в регулярном отдыхе. Конфликт потребностей может создавать внутреннее противоречие и вызывать различные эмоции или эмоциональные состояния.

Не бывает плохих врожденных потребностей, есть только социально-неприемлемые и нездоровые формы удовлетворения потребностей: нет природной потребности в насилии, но есть неумение получить желаемое без насилия; нет потребности в стяжательстве, но есть фиксация на материальном как попытка удовлетворить потребности в безопасности и в ощущении собственной ценности.

Хронически не удовлетворявшаяся в раннем возрасте потребность способна определить ход всей последующей жизни. В сухом остатке каждый из нас представляет собой некую сумму адаптаций и компенсаций: адаптаций к тем условиям, в которых нам пришлось развиваться, и компенсаций, позволяющих справляться с дискомфортом, вызванным этими адаптациями.

В детстве мы все вынуждены адаптироваться к требованиям социальной среды и родителей, и многие наши мотивы или формы поведения являются компенсациями связанных с этим эмоциональных неудобств. Например, тот, кто рос в среде, где непомерная требовательность и эмоциональная холодность родителей являются нормой, учится подстраиваться под это, но при этом компенсаторно развивает стремление стать теплой и чуткой родительской фигурой для кого-то – то есть таким человеком, какого он желал бы себе как родителя. Уверена, что многие люди, выбравшие для себя помогающие профессии во взрослой жизни, отлично понимают, о чем речь.

Чтобы потребность была удовлетворена, нейрофизиологически она «заявляет о себе» с помощью «сигнальных лампочек» – эмоций. Важно научиться эти сигналы вовремя замечать, правильно истолковывать и адекватно на них реагировать.

Таким образом, наша способность переживать эмоции отвечает за психологический гомеостаз. Само понятие гомеостаза подразумевает поддержание открытой системой своего внутреннего динамического равновесия. В психологическом смысле это можно описать как стремление к сохранению желаемого климата отношений и комфортного психологического самочувствия, ведь любой из нас – это, по сути, открытая система и многие из наших потребностей удовлетворяются только в рамках отношений или коммуникации с другими.

Интенсивность страха может варьироваться от легкого опасения до смертельного ужаса, однако как род эмоции все это страх и часто именно он определяет наше поведение.

Страх как эмоция напрямую связан с потребностью в самосохранении и выживании: так, например, после удара током человек начинает опасаться проводов и старается обращаться с ними наиболее безопасным образом, то есть страх как реакция на угрожающий стимул выполняет сохраняющую функцию, вынуждает менять стратегию поведения. Разумеется, страх связан не только с опасными для жизни ситуациями, гораздо чаще мы испытываем страх в рамках внешне безопасного общения с другими: страх отвержения или страх нападения, страх быть непонятым или стать неинтересным, страх публики или страх одиночества. Наши потребности связаны с эмоциями, как механизм связан с сигнальными лампочками, оповещающими о его работе. Давайте рассмотрим поподробнее четыре самые основные эмоции.

Вы можете ощутить дискомфорт, раздражение или **злость** из-за несоответствия происходящего своим ожиданиям. Злость — одна из манифестаций субъективно воспринимаемой беспомощности, бессилия, неспособности повлиять или получить что-то значимое. Если эта «лампочка зажглась», значит, самое время выяснить, что именно пошло вразрез с ожиданиями и потребностями. Многие в детстве усваивают запрет на выражение злости и из-за этого избегают говорить и даже думать о ней и ее причинах, опасаясь разозлить или разочаровать своего партнера. Такое проецирование детского опыта на актуальную ситуацию часто приводит к появлению в отношениях недосказанности и отчуждению.

Такая эмоция, как **грусть**, часто связана с утратой или недоступностью чего-то значимого для психологического гомеостаза и может сопровождаться разочарованностью, субъективно воспринимаемым бессилием или беспомощностью. Под маской грусти иногда скрывается и как бы «прокисшая» злость, то есть состояние дисфории на фоне того, что злость не была адекватно отреагирована вовремя и не было выработано стратегии поведения для решения вызвавшей ее проблемы. В таком случае злиться уже не получается, но получается грустить.

Радость и различные оттенки этой эмоции служат маркером получения желаемого, удовлетворения актуальной потребности. Дофамин, серотонин и другие нейротрансмиттеры, которые принято называть гормонами счастья, являются частью того механизма вознаграждения, которым снабдила нас эволюция. Благодаря этому биохимическому механизму мы вновь и вновь стремимся удовлетворять свои потребности, чтобы получить за это от мозга заветный эндорфиновый «пряник».

В исследованиях, посвященных биохимии мозга, меня всегда особенно интересовали данные о соотношении врожденности и приобретенности свойств и реакций: что в наших эмоциональных реакциях обусловлено врожденными факторами, а что – факторами среды. Так, недопонимание в отношениях часто возникает на уровне разной степени сенситивности, то есть восприимчивости и чувствительности партнеров. Люди, у которых она сильно различается, неизбежно сталкиваются со сложностями в коммуникации, хотя и могут быть сильно привязаны друг к другу.

Тип нервной системы и чувствительность сенсорной обработки информации[3] – это врожденные свойства (*Aron, 1997; Boterberg, Warreyn, 2016; Licht et al., 2020*): у одних и тех же родителей могут родиться дети с разной степенью чувствительности. Опыт, который для одного ребенка пройдет безболезненно, для другого может оказаться весьма травмирующим. Тонко чувствующим людям приходится как бы платить более высокую цену за

---

[3] Чувствительность сенсорной обработки информации (англ. sensory processing sensitivity) – это индивидуальная особенность, подразумевающая «повышенную чувствительность центральной нервной системы и более глубокое когнитивное обрабатывание физических, социальных и эмоциональных стимулов» (*Boterberg, Warreyn, 2016*).

свою способность к эмпатии и восприимчивость. Приобретенный травматичный опыт вынуждает многих из нас вырабатывать защитные поведенческие стратегии и тактики, то есть «выпускать шипы и колючки» – чтобы избежать повторных травм и душевной боли. Чем сильнее был ранен человек, тем больнее он может ранить в ответ. В отношениях различие в степени чувствительности имеют большое значение: вы не можете ощущать себя любимым (ценным), если партнер не учитывает вашу чувствительность или выражает свою любовь какими-то грубыми, на ваш взгляд, способами, задевая ваши чувства. Дорожить кем-то – значит бережно относиться и к его чувствам, то есть учитывать и степень чувствительности любимого человека.

Продолжая тему биохимии мозга, нельзя не упомянуть еще один аспект. Как известно, некоторые химические вещества способны искусственно вызывать в нас состояние острой эйфории и счастья. Искусственно – потому что тут удовольствие достигается не путем удовлетворения определенных природных потребностей, что было бы естественно, а путем «взлома» нашего механизма вознаграждения. Рецепторам ведь все равно, эндорфин это поступил из близлежащих везикул или, к примеру, этанол, – они автоматически откликаются реакцией захвата этих молекул, и человек ощущает безмятежность, у него улучшается настроение, напряжение спадает. Если этот взлом повторять, то рано или поздно он приведет к развитию зависимости. Эмоциональные состояния, возникающие на фоне приема веществ, влияют и на жизнь попавшего в зависимость, и на жизнь его близких.

Алкоголь как способ справиться с чувствами, как своего рода анестезия (кстати, слово анестезия с греческого переводится «без чувства»), – довольно распространенный феномен. Мы называем это «снять напряжение», «сбросить стресс», однако при ближайшем рассмотрении стресс и напряжение часто оказываются накопленной злостью, иногда в комбинации с грустью, беспокойством или фрустрацией, – одним словом, это эмоциональный дискомфорт, который мы просто не хотим больше испытывать.

Еще одна тема – психотропные вещества, например, антидепрессанты, которым приписывают «выравнивающие эмоциональность» свойства. В последние десятилетия их щедро и часто без предварительной диагностики и веских на то причин прописывают многим людям без психиатрических диагнозов. Зачастую вместо психотерапии выписываются и успокоительные и снотворные средства, которые не устраняют саму причину тревожности или бессонницы, но способны вызывать привыкание или синдром отмены при прекращении их приема.

Представление, что антидепрессанты якобы «восполняют» некий дисбаланс нейротрансмиттеров, своим происхождением обязано вовсе не науке о мозге, а науке о рынке – маркетологии. До сих пор нет научных подтверждений тому, что дефицит серотонина или дофамина вызывает депрессию, что позволило бы приём антидепрессантов сравнивать с тем, как инсулином компенсируют диабет или очками слабое зрение. Однако неверно было бы утверждать, что антидепрессанты не действуют: они действуют, просто на разных людей по-разному, часто непрогнозируемо или парадоксально, иногда вызывая и эффекты, обратные ожидаемым, например, мысли о смерти, которых прежде никогда ранее не возникало, или попытки суицида, некоторые из которых становятся летальными. Есть и те, кто имел с антидепрессантами положительный опыт, однако и в их случае психотропные вещества лишь «фотошопят» симптомы, функция которых – сподвигнуть носителя на то, чтобы устранить их первопричину, то есть решить проблему по-настоящему.

Если такое длительное эмоциональное состояние как депрессия рассматривать как результат влияния совокупности неблагоприятных жизненных факторов, то грамотная терапия заключается не в «отключении» эмоций, а в осознании и устранении этих неблагоприятных факторов, в изменении стиля жизни и, возможно, смене окружения. Занятие это довольно затратное по времени и мешают ему мощные защитные механизмы нашей психики – мы в целом стремимся избегать необходимости что-то менять там, где можно пойти «более легким» путем.

Часто мои клиенты описывают и то, что антидепрессанты их словно «оглушили», потому что теперь даже при всем желании в волнующей ситуации им не удается ощутить соответствующий эмоциональный отклик – ни заплакать, ни порадоваться. В целом теме психотропных, прописываемых здоровым людям, была посвящена моя книга[4], опубликованная на немецком языке в 2014 году. Для людей без психиатрического анамнеза альтернативой психотропным средствам является внутренняя свобода – освобождение от усвоенных ранее нездоровых шаблонов мышления и поведения, которые привели к неудовлетворительному психоэмоциональному состоянию и развитая эмоциональная грамотность. На мой взгляд, это единственно здоровый подход к потребностям и к адекватному их удовлетворению.

Вообще, со времен З. Фрейда ситуация, которую он описывал в своей работе «Цивилизация и неудовлетворенность»[5], принципиально не изменилась. Именно репрес-

---

[4] Kornyeyeva L. Die sedierte Gesellschaft: Wie Ritalin, Antidepressiva und Aufputschmittel uns zu Sklaven der Leistungsgesellschaft machen. München: Heyne Verlag, 2014.

[5] Впервые книга была опубликована на немецком языке в 1930 году под названием Das Unbehagen in der Kultur.

сирование, то есть подавление и приобретенный запрет на удовлетворение природных потребностей и связанную с этим фрустрацию, Фрейд считал болезнью любого культурного общества. Того самого общества, которое позднее экзистенциалист Ж.-П. Сартр кратко описал своей формулой «Ад – это другие». Другие – это те, от кого в какой-то мере зависит удовлетворение наших потребностей. В нашем восприятии эти другие могут сделать нас как безумно счастливыми, так и наоборот.

Осознавать связь между своими эмоциями и потребностями и уметь отличать одну потребность от другой – значит быть здоровым и счастливым. Именно из-за недостатка осознанности люди часто путаются в собственных потребностях и пытаются вместо одной потребности удовлетворить некую другую, например, жаждут символов статуса, когда желают признания или неумеренно едят, когда нуждаются в любви.

Как только вы научитесь видеть взаимосвязи между собственными эмоциями и потребностями, вам станет гораздо проще создавать и желаемые отношения. Это не только наполнит вашу жизнь положительными эмоциями, но и позволит тратить гораздо меньше ценной психической энергии – которая в обратном случае тратится на обслуживание внутреннего конфликта между потребностями, репрессированием их со стороны социума и острой задачей их все же социально приемлемо удовлетворить, как это описывал в своих текстах, в частности, Фрейд.

Одной из самых репрессируемых социумом потребностей К. Штайнер считал нашу природную потребность в поглаживаниях – единицах признания и любви. В этом есть свой парадокс: социум – это мы, люди, рожденные с потребностью в любви и признании, и в то же время социум, то есть мы, и мешает удовлетворению этой потребности. О том, как возникает это противоречие, речь еще пойдет в последующих главах, однако для начала рассмотрим повнимательнее саму потребность, которая мне представляется центральной из разряда социальных, – потребность в подтверждении ценности.

Глава 4. САМАЯ ГЛАВНАЯ ПОТРЕБНОСТЬ

Наши дети – это идеальный объект для наблюдений и изучения человеческой природы, ведь детям свойственна аутентичность, то есть неподдельность действий и реакций. Когда мой двухлетний сын с любым своим маленьким успехом приходит ко мне за одобрением, по его лицу всегда видно, какой эффект производит на него моя реакция. Так выражается его потребность в поддерживающей близости и привязанности к родителю.

О том, что привязанность к родителю – это необходимый фактор индивидуального роста и развития ребенка, писал Джон Боулби, разработавший теорию привязанности (*Боулби, 2003*). Боулби, в частности, исследовал связь недостатка материнской любви с психопатологическими отклонениями и такими фиксациями и расстройствами, как сепарационная тревога, амбивалентность и депрессия во взрослом возрасте. Боулби рассматривал привязанность как целостную поведенческую систему, выполняющую функцию защиты нашей психики. Мне же кажется интересным подойти к пониманию феномена привязанности с точки зрения человеческой потребности в подтверждении индивидуальной ценности.

Сама по себе привязанность к родителю не является гарантией благополучного развития ребенка; важно то, какое место в этой привязанности занимает воспринимаемая ценность ребенка. Главным источником информации о ценности ребенка являются его родители, и эмоциональные реакции ребенка на оценивание его со стороны родителя являются наглядным доказательством этому: ребенок замыкается или провоцирует, если недополучает внимания, участия и тепла; если в семье рождается младший, ребенок может тревожиться, злиться и проявлять агрессию, утратив позицию «самого ценного» для родителей.

Ценить – значит учитывать потребности и бережно относиться к чувствам того, кого ценишь. Обесценивание же приписывает заведомо меньшую ценность самому человеку и его эмоциональным переживаниям или потребностям, а потому задевает и ранит наши чувства. В семье, где принято ценить друг друга, ребенок учится быть по-настоящему взрослым, то есть эмоционально не зависеть от оценок других. Дети, которых родители обесценивают, приобретают привычку к самообесцениванию, и так развивается то, что Адлер назвал комплексом неполноценности (*Адлер, 1997*), а вместе с ним развиваются и компенсации, чтобы снизить уровень фрустрации от ощущения своей неценности по сравнению с другими.

Маленькие дети, как никто, умеют настоять на том, чтобы взрослые отложили все важные дела и занимались исключительно ими – так проявляется их потребность в подтверждении ценности. Родителям иногда кажется, что ребенок требует слишком многого, канючит, потому что ему скучно или «просто капризничает». В действительности же ребенок занят важной деятельностью: он ищет способы удовлетворения своей главной социальной потребности – потребности быть ценным и желанным для самых значимых в его жизни людей.

В довербальной фазе арсенал этих способов крайне ограничен: ребенок не может выразить себя словами и пытается привлечь внимание чем угодно, пользуясь методом «научного тыка». Когда родители больше времени уделяют чему-то другому, ребенок воспринимает это как послание «ты менее ценен, чем мои дела». Эти непонятные важные дела становятся для ребенка тем, с чем ему приходится конкурировать и делить родителей. Откладывая дела в сторону, мы подтверждаем бо́льшую ценность ребенка по сравнению со всем остальным, и именно такого опыта он от нас и ожидает. Если же ребенка в довербальной фазе ругать и наказывать за эти попытки, то рано или поздно он их, конечно, оставит. Но плохая новость в том, что со временем ребенок может вытеснить из своего сознания и саму эту потребность как нечто неприемлемое и чреватое негативной родительской реакцией. Именно из-за такого вытеснения уже в зрелом возрасте потребность в подтверждении индивидуальной ценности не кажется нам очевидной, хотя именно на ней основываются все наши отношения.

Важно уточнить, однако, что для ребенка удовлетворение потребности в подтверждении ценности не означает, что родитель должен «душить» его в объятиях любви, – это была бы другая крайность, препятствующая гармоничному развитию ребенка. Попытки родителя не отпускать от себя ребенка несовместимы с умением по-настоящему его ценить, т.е. относиться к его потребностям и чувствам с пониманием и уважением. Сепарация как часть взросления и обретения навыка автономии это один из аспектов потребности в развитии и самореализации. Родитель, который ценит своего ребенка, не станет ограничивать возможности ребенка и поощрять психологический симбиоз, а позволит своему чаду постепенно научиться жить и без него, потому что знает, что во взрослой жизни это умение – одно из самых важных.

Люди, не прошедшие гармонично стадию сепарации и не научившиеся осознавать себя отдельно от родительских фигур, даже будучи взрослыми, часто испытывают проблемы с эмоциональной саморегуляцией. Например, испытывают тревогу и страх из-за постоянного «предчувствия» негативной реакции (со стороны некой родительской фигуры) в ответ на попытки обрести автономию. Или не умеют управлять собственным гневом. Или скатываются в самодеструктивность.

Мне иногда приходится наблюдать, как уже взрослые мои клиенты никак не могут отгоревать и простить своему родителю его попытки привязать их к себе. А в любых состоявшихся и комфортных отношениях родителей и их взрослых детей, наоборот, ощущается спокойное умение ценить друг друга как отдельного, другого человека. Качество привязанности определяется ценностью в нее вовлеченных.

Лонгитюдное исследование среди 565 монозиготных (т.е. генетически идентичных) пар близнецов, которые были усыновлены разными семьями, показало, что между характером эмоционального отношения матери к ребенку и более поздним поведением ребенка существует причинно-следственная связь: не генетика, а именно отношения с материнской фигурой определяют формирование склонности к асоциальному поведению. Дети, которые росли в семьях с прохладным эмоциональным климатом, гораздо чаще начинали проявлять различные формы асоциального поведения, нежели те, что получали материнское тепло и принятие. О подробностях этого исследования можно прочесть в статье, опубликованной в 2004 году в журнале Developmental Psychology (*Caspi et al., 2004*).

Дети нуждаются в подтверждениях того, что они желанны и любимы. Эта врожденная и совершенно естественная потребность, удовлетворение которой, по всей видимости, связано с потребностью ребенка в росте, развитии и здоровой экспансии, в освоении и познании мира. Если ребенок получает недостаточно поощрения и одобрения от значимых родительских фигур или получает только негативные поглаживания, то это приводит к задержке его интеллектуального и психоэмоционального развития (*Rutter, 1974*).

Опытный родитель знает: дети, получающие недостаточно поощряющих и одобряющих поглаживаний от родителей, рано или поздно начинают «вымогать» любые признаки неравнодушия к ним. Это происходит потому, что для удовлетворения потребности в собственной ценности нам нужны подлинные единицы неравнодушия, а злость и гнев, как правило, именно настоящие. Равнодушие родителя не подтверждает ценность ребенка, а, напротив, даже как бы аннулирует ее: тот, кто способен вызывать чувства, воспринимается нами заведомо как более ценный, нежели тот, кто вообще не вызывает эмоционального отклика. Не вызывающий чувств или желания наказать как бы и не существует вовсе. Отсюда пошло выражение «ты мне больше никто», которое является крайней степенью обесценивания, ранящего наши чувства.

Мы от природы очень чувствительны к обесцениваниям. Пренебрежение и безразличие со стороны окружающих воспринимаются нами как физическая боль, страдание. Исследования с применением магнитно-резонансной томографии показали, что переживание ситуации отвержения активирует те же зоны мозга, которые активируются при испытывании физической боли (*Eisenberger et al., 2003; Kross et al., 2011*).

Обесценивания могут иметь множество оттенков и проявлений и мы устроены так, что удивительно точно умеем считывать их полутона, градации и акценты. Эволюция снабдила нас особыми приспособлениями – «антеннами интуиции», которые чутко улавливают нюансы мимики и жестикуляции, показывающие, насколько нас либо ценят, либо недооценивают. Исследования этого нейрофизиологического механизма показали, что он врожденный: младенцы нескольких недель от роду начинают тревожиться, если лицо значимой родительской фигуры вдруг застывает без мимики, то есть перестает подавать сигналы отношения к нему, которые для младенца жизненно важны (*Tronick, 2007*).

Особая роль потребности в подтверждении индивидуальной ценности находит множество отражений в культуре. Так, в любой культуре социальная изоляция, или бойкот, т.е. лишение человека возможности взаимодействовать и получать подтверждения своей ценности от других, всегда считалась одной из форм наказания.

В мире существуют сотни телешоу, в которых жюри оценивает таланты людей и выбирает претендентов на роль «звезды», то есть «самого ценного». Зрительскую популярность таких шоу объясняет то, что они вызывают в нас эмоциональный отклик, так как затрагивают один из «нервов» нашей природы: мы с детства выступаем и как объект, и как субъект оценивания – другие оценивают нас, а мы привыкаем оценивать других и сравнивать себя с ними.

На потребности в подтверждении ценности построена изрядная доля постиндустриального рынка: такие среды, как Facebook, Instagram и другие помогают нам ощутить свою ценность и монетизируют удовольствие от лайков. Лайк, репост, шер, донат – все эти слова, сравнительно недавно вошедшие в наш лексикон, по сути, обозначают формы подтверждения интересности, привлекательности, значимости, то есть ценности. Интернет-зависимость возникает там, где офлайн-жизнь становится менее комфортной, чем онлайн-общение с его возможностью получить одобрение, не выходя из зоны комфорта и проявляя только свои «выгодные» стороны.

Подтверждение нашей ценности со стороны окружающих может быть так значимо, что потеря социального или финансового статуса иногда толкает людей на самоубийство – настолько болезненно ощущается утрата статуса теми, кто свою индивидуальную ценность определяет через свою успешность. Утратить ценность для них хуже смерти.

Любая наша жизнедеятельность так или иначе связана с потребностью в подтверждении ценности: мы выбираем род деятельности, который повысил бы нашу ценность в собственных глазах и глазах тех, чьим мнением мы дорожим; мы стремимся идентифицировать себя с теми, кого ценим, и дистанцируемся от тех, рядом с кем как бы теряли бы в ценности; мы прилагаем порой массу усилий для того, чтобы выглядеть успешными, потому что успех в самых разнообразных его формах это мерило индивидуальной ценности тоже... Большинство людей предпочло бы жить в мире, в котором их доход был бы меньше того, что у них есть на данный момент, но при этом был бы выше, чем у остальных обитателей этого иного мира, – показало исследование, проведенное в 1995 году среди студентов, преподавателей и сотрудников Гарвардской школы общественного здравоохранения (*Harvard School of Public Health*).

Результаты других похожих исследований, проводившихся в Великобритании и Швейцарии, говорят о том, что рост доходов окружающих напрямую отражается на субъективной удовлетворенности человека собой и своей жизнью (*Solnick, Hemenway, 1998*). Символы статуса, торговые марки, которые мы предпочитаем, положение в обществе, атрибуты близости к элите, неймдроппинг, то есть страсть к упоминанию больших имен с целью повышения собственной значимости, – все это манифестации потребности в подтверждении индивидуальной ценности.

Тут нужно сделать важное примечание. В процессе взросления, будучи с детства объектами оценивания и сравнения с другими, мы часто перенимаем склонность видеть некую иерархию в отношении человеческой ценности, как если бы люди имели разную ценность в зависимости от их принадлежности – этнической или расовой, половой или гендерной и т.д. Эта мнимая неравноценность людей – чисто социальный конструкт, то есть результат внушения нам такого восприятия. При этом потребность в ощущении собственной индивидуальной ценности – это заложенное в нашей нейрофизиологии природное свойство, а не конструкт. В пользу этого говорит то, что мы с самого раннего детства очень чувствительны к любым проявлениям отношения к нам и к тому, насколько нас ценят. Важно понимать, что на самом деле индивидуальная ценность каждого из нас одинакова. Неодинаковой делают ее только восприятие, навязанное обществом, и склонность сравнивать себя с кем-то.

Для нас важно, чтобы именно близкий человек подтвердил, что мы ценны, – и это то, ради чего мы заводим отношения. Не будь это нашей центральной потребностью, мы бы не испытывали в связи с этим таких сильных чувств: нас не ранило бы игнорирование – самое болезненное обесценивание; мы не испытывали бы дискомфорта от своего затянувшегося статуса «в активном поиске»... При изучении характера активности мозга людей, переживающих неразделенную любовь, исследователи отмечали симптомы, типичные для клинической депрессии. В то время как у тех, кто ощущал себя в любви счастливыми, таких симптомов не было (*Stoessel et al., 2011*).

В отношениях мы надеемся ощущать себя ценными в глазах партнера. Это можно отразить в такой формуле:

«подтверждение ценности + подтверждение ценности = взаимная любовь».

В моей практике было множество случаев, иллюстрирующих значение потребности быть ценным. Один из них опишу чуть подробнее.

...Мартина и Томас обратились ко мне за поддержкой из-за кризиса в отношениях, который, по их словам, начался полгода назад, сразу после рождения дочери. Томас говорил, что им стало сложно договариваться и понимать друг друга, взаимные упреки и конфликты отнимают у обоих время и силы, отравляют атмосферу в доме и вызывают у него чувство вины по отношению к их маленькой дочке, на глазах которой они ссорятся. На сеанс они пришли напряженные и печальные. После установления необходимого контакта и доверия я попросила каждого из них кратко описать последний конфликт.

Первым поделился Томас:

— Я думал, мы договорились, что после завтрака ты оденешь дочь и я пойду с ней гулять, чтобы потом успеть сделать все свои дела после обеда. Вместо этого ты надолго застряла в телефоне и потом мы выясняли отношения. Из-за тебя все мои планы полетели к чертям! А мне мою работу тоже надо делать — кто-то ведь должен зарабатывать на жизнь! — Томас заметно злится.

Мартина пытается оправдаться:

— Мы договорились, но я не могла не ответить на сообщение от мамы! И не надо меня вечно пилить за то, что я якобы постоянно сижу в телефоне! Тебя, как всегда, раздражает, когда мне кто-то звонит или пишет... Может, потому что у тебя нет ни друзей, ни нормальных отношений с родителями?! — Выплеснув агрессию, она начинает плакать от разочарования и собственного бессилия.

Как это часто бывает, диалог, начинавшийся спокойно и конструктивно, вдруг переходит в фазу обо-

стрения. Сделав небольшую паузу, я спрашиваю, готовы ли они поучаствовать в небольшой интервенции ради изменения привычной траектории разговора. Они соглашаются, и я прошу каждого записать на бумаге свои актуальные ожидания к партнеру без утаиваний, как на духу. Через пару минут я получаю от них листы со следующими записями:

«Я бы хотела, чтобы Томас давал мне почувствовать, что я желанна и привлекательна в его глазах. И что он готов прислушиваться к моему мнению, когда принимает решения».

«Я бы хотел, чтобы Мартина не взрывалась по каждому поводу, не опускалась до мелких обвинений в мой адрес и больше шла мне навстречу, когда я что-то предлагаю или планирую».

В каждой из записей сквозит потребность в подтверждении своей ценности со стороны партнера — в той форме, в которой пишущий ощущает себя наименее оцененным по достоинству на настоящий момент. Так, Мартина хочет, чтобы Томас ценил ее привлекательность как женщины, потому что в ее восприятии это стало ее уязвимостью. Раньше у нее была карьера и она ощущала себя ценной не только в рамках семьи. После родов она ушла с работы и, как утверждает она сама, немного поправилась и «потеряла форму». Она знает, насколько внешность всегда была важна для Томаса и что он вряд ли стал бы ее мужем, не будь она стройной и подтянутой. Она боится потерять привлекательность в его глазах и боится потерять его.

Томас желает, чтобы Мартина ценила его лидерские качества. Ему важно ощущать себя главой семьи, тем, к кому прислушиваются и кого уважают. Он панически боится ситуаций, в которых Мартина вступает в противоборство с ним и вовлекает в это их маленькую дочь, обесценивая его влияние на нее саму и на их ребенка. Это злит Томаса еще больше, он теряет над собой контроль и в ответ пытается еще больше обесценить Мартину и еще больнее ранить ее своим пренебрежением.

Подобные конфликты в семейных парах возникают из-за неудовлетворенной потребности в подтверждении ценности, притом что, как правило, партнеры искренне любят друг друга. Но забывают, что любить – значит не только ценить, но и давать почувствовать, что ценишь. Как только у одного из партнеров зарождаются сомнения в том, что его ценят, он начинает обесценивать в ответ. Мы заводим отношения с ожиданием того, что наша потребность в подтверждении ценности будет удовлетворена, и страдаем, если это ожидание не оправдывается. Отношения гармоничны, только когда в них соблюдается принцип ценности.

Первым шагом к разрешению подобных конфликтов является осознанный отказ партнеров от обесцениваний и замена их поглаживаниями, которые подтверждают ценность или по меньшей мере не ставят ее под вопрос. Только это ведет к решению проблемы, а не к дальнейшему ухудшению отношений.

Качество отношений напрямую зависит от того, насколько ценным ощущает себя в них каждый из партнеров. Измены часто случаются не оттого, что изменяющий ищет секса как такового, а потому, что он стремится таким образом подтвердить и ощутить свою ценность. Получить только секс гораздо проще, чем и подтверждение ценности, и секс, так сказать, «в одном флаконе». Именно поэтому иногда работники сферы секс-услуг оказываются в роли своего рода душепопечителей или просто собеседников, от которых клиенты на самом деле хотят получить понимание и принятие.

Кстати, главная проблема измены не в том, что она разрушает доверие к партнеру. А в том, что измена больно ранит чувства, потому что получить известие о том, что тебе изменили, это то же самое, что получить свидетельство о своей неценности: «Ты заменимый», «ты не лучше того, на кого тебя променяли» или «ты недостаточно ценен, чтобы дорожить твоим доверием и твоими чувствами» – такие послания считываем мы в этом известии. И это больно ранит именно потому, что речь о самой главной потребности из разряда социальных.

Итак, потребность в ощущении собственной ценности – центральная социальная потребность, ради удовлетворения которой мы и вступаем в отношения. Эта потребность удовлетворяется с помощью ценящих поглаживаний. Казалось бы, звучит просто, однако часто как раз между любящими людьми возникают трудности с поглаживаниями и острый дефицит ценящих поглаживаний, что причиняет боль. Один и тот же человек может быть чутким и отзывчивым с коллегами на работе, но холодным и безразличным с самым близким человеком дома. Как возникают такие парадоксы и почему нам иногда бывает так непросто давать необходимые поглаживания? Об этом – в следующей главе.

Глава 5. ЦЕННОСТЬ КАК СИЛА, ОБЕСЦЕНИВАНИЕ КАК БЕССИЛИЕ

...Еще год назад Мартина и Томас с трепетом ожидали появления на свет своего первенца и верили в то, что их счастье – навсегда. И вот они обратились ко мне в надежде спасти свои отношения.

Я вижу, что Мартине не хватает внимания со стороны Томаса, хотя пока она боится признаться в этом даже себе самой. Ей не нравится зависеть от его оценки и внимания, из-за этого она чувствует себя бессильной и бессознательно ищет способ ослабить позиции Томаса, чтобы противостоять его «чрезмерному» на нее влиянию.

Томас же сильно раздражается всякий раз, когда Мартина «ставит ему палки в колеса» и не подтверждает его ценность как мужчины и главы семьи. Его привычная реакция – показывать, кто в действительности самый ценный и самый сильный в доме и прежде всего он акцентирует внимание на финансовой стороне вопроса. В критических ситуациях дело доходит и до некоторых форм эмоционального насилия – хлопанья дверями и повышению голоса на жену.

На одной из сессий я предлагаю каждому из них отвлечься от текущего момента, попытавшись найти в другом то, что ему все еще импонирует, и отметить это некое избранное качество или поступок своего партнера искренним ценящим поглаживанием, избегая любых форм обесценивания. По моему опыту, все пары соглашаются на подобное упражнение, хотя оно и стоит определенного душевного усилия: мешает страх остаться неуслышанным и риск остаться без желаемого поглаживания в ответ. Мартина задумывается и потом произносит:

– Мне понравилось, как ты отремонтировал террасу. Наши соседи выразили мне своё восхищение, они видели, что ты делал все сам, своими руками.

Высказывание дается ей явно нелегко, поначалу она даже избегает смотреть Томасу в глаза, опасаясь увидеть в них отвержение. Договорив, Мартина делает более свободный вдох, и лицо ее светлеет. Томас принимает поглаживание с несколько отрешенным выражением лица, как будто оно относится не к нему. Выдержав паузу, я задаю ему вопрос:

— Какие ощущения Вы испытывали, когда слушали Мартину?

— Я не знаю... Мне неловко. Я не привык получать от нее похвалу и не знаю, как на это реагировать... Но моя злость куда-то исчезла. Я больше не злюсь.

Сама по себе такая терапевтическая интервенция не решает проблему, но она возвращает веру в действенность ценящего поглаживания и в способность менять отношения к лучшему. Неотреагированные негативные эмоции мешают нам ясно видеть суть конфликта и уводят от его разрешения. Как только Томас увидел, что Мартина может не только критиковать и ранить его чувства, он невольно ощутил в себе готовность сделать аналогичное движение ей навстречу.

До этого Томас хронически не ощущал себя ценным в глазах Мартины, но не находил в себе достаточного ресурса, чтобы сообщить жене о своем желании получать от нее желаемые поглаживания. Происходила типичная подмена: вместо того чтобы говорить о своей нужде, он пытался заставить нуждаться ее, вынудить ее чувствовать себя слабее, зависимее от него. Не веря, что способен на что-то влиять, он пытался повысить свою ценность через обесценивание Мартины.

Способ общения, при котором истинные мотивы и намерения замалчиваются и подменяются, — это всегда психологическая манипуляция. Манипулирование это попытка вынудить другого делать что-то, что тот не планировал или остановить его от действий, которые тот планировал. Это силовое воздействие как антипод сотрудничающего взаимодействия, основанного на открытых договоренностях и выгоде обеих сторон.

К манипулированию прибегает тот, кто не привык

полагаться на свою личностную силу и эффективность. Личностная эффективность (личностная сила) – понятие, обозначающее способность человека влиять, производить желаемый эффект. Сила неразрывно связана с ценностью: если человек не сомневается в собственной ценности, то у него все в порядке и с эффективностью; он способен достигать желаемого без манипуляций и насилия, взаимодействуя в форме договоренностей или просьб, умея убеждать и взаимовыгодно сотрудничать. Личностная сила помогает нам строить комфортные отношения, в которых мы удовлетворяем потребности и реализуем свои интересы, а манипуляция – это злоупотребление силой, то, что в наш язык уже вошло как слово абьюз (англ. abuse). Более подробно о силовых играх мы поговорим в Главе 8.

В манипулировании всегда присутствует неискренность, которая рано или поздно ощущается объектом такого отношения и неизбежно воспринимается как обесценивание. Ведь тот, кто мы по-настоящему ценим, достоин получать только искренние ценящие поглаживания и к себе мы желаем искреннего ценящего отношения. Утаивая что-то, мы преследуем цель ограничить или нейтрализовать влияние другого и это тоже считывается как обесценивание.

Обратный эффект дают ценящие поглаживания, поощряющие действия партнера и не препятствующие реализации его планов. Это явление хорошо отражено английским словом empowerment, корнем которого является слово power (сила) и у которого нет прямого аналога в русском языке, но которое можно перевести как «наделение правами и возможностями», а по-простому – «усиление».

Так и выражается взаимосвязь ценности и силы: ощущая себя (полно-)ценными, мы ощущаем и собственную силу как способность влиять. Так же взаимосвязаны и их антиподы – обесценивание и «обессиливание», то есть попытки ослабить «противника». Болезненная борьба за власть в отношениях возникает тогда, когда ты больше не уверен в том, что партнер тебя по-настоящему ценит. Спокойный диалог и ощущение комфорта возможны только тогда, когда партнеры готовы начать обмениваться ценящими поглаживаниями вместо обесценивающих.

Работы по восстановлению ценности необходимо проводить очень бережно и аккуратно. Маленькие шаги тут, как правило, гораздо более эффективны, потому что дают возможность обеим сторонам прочувствовать и переосмыслить все изменения, которых можно достичь, применяя свою способность искренне ценить другого. Терапевту следует отслеживать любые тенденции к обесцениванию или самообесцениванию и уметь бережно привлечь к ним внимание клиентов, чтобы каждый из них научился вόвремя их отслеживать и самостоятельно исключать из коммуникации.

Безусловно, давать и получать ценящие поглаживания, находясь в состоянии конфликта, эмоционально сложно. Это требует некоторого внутреннего преодоления, потому что в конфликте каждый ощущает себя уязвимым. Иногда во время сеанса мне приходится просить одного из партнеров повторить свое поглаживание, чтобы его адресат мог воспринять его полностью, без потерь, потому что его эмоции мешают ему это поглаживание воспринять и прочувствовать.

Дело в том, что в процессе конфликта в нас неизбежно запускается своего рода защитный «фильтр» – мы либо просто не слышим партнера по конфликту, либо воспринимаем то, что он говорит, крайне избирательно и искаженно. Порой мы понимаем слова партнера превратно и находим в них некий двойной смысл, который не был заложен: к нашему восприятию примешиваются отголоски прежних высказываний, больно ранивших наши чувства, и эта боль реактивируется. Такая «конфликт-центрированность» может мешать нам уловить позитивный посыл, заключенный в ценящем поглаживании. Адекватное восприятие поглаживания, то есть полное его «впитывание» и принятие здесь очень важно, потому что если хотя бы его часть «теряется в пути», то это обесценивает усилия того, кто это поглаживание сделал. И в следующий раз он может отказаться от своих попыток — именно из-за того, что они работают как бы «вхолостую».

Личностная сила и личностная ценность — взаимозависимые составляющие единого целого: чем более ценным ощущает себя человек, тем более он склонен применять силу и влияние в самом позитивном понимании этих слов — в виде любви и уважения. Чем более обесцененным он ощущает себя в отношениях, тем меньше верит в свою возможность позитивно влиять и тем выше вероятность манипулирования вместо любви.

5.1. О ПРИРОДЕ ДЕСТРУКТИВНОСТИ И ЭКОНОМИИ ПОГЛАЖИВАНИЙ

У любых отношений есть ресурс прочности, определяемый совокупным ресурсом ценности и силы обоих партнеров. Этот ресурс может быть рано или поздно израсходован безвозвратно, если его не восполнять желаемыми ценящими поглаживаниями — выражениями признания и любви, т.е. если каждый не будет ощущать себя ценным и сильным в глазах другого.

Ощущая собственную ценность, мы влияем силой любви. Когда мы не ощущаем себя ценными, мы прибегаем к антиподу силы любви – грубой силе (манипуляциям, избеганию, давлению, абьюзу), т.е. обесцениваем в ответ, раня чувства и источая ресурс отношений.

Когда ресурс прочности отношений исчерпан, гармонизация становится крайне сложным проектом, потому что партнеры все меньше верят в свою силу любви и все больше в грубую силу как способ защититься. Обесценивания, неизбежный побочный эффект которых это «обессиливание» партнера, ранят порой в самое сердце. Если, пытаясь защититься, делать партнеру больно, то это рано или поздно просто убьет – и комфорт, и желание его восстанавливать.

Любящие люди могут сначала вступить в фазу противоборства, а затем и вражды, и тогда даже искренними проявлениями ценящего отношения сложно достичь желаемого эффекта, ибо ресурс доверия утрачен, а партнер в ваших глазах уже не кажется тем источником желаемых поглаживаний, каким он когда-то был.

Эту динамику можно отобразить в виде шкалы (см. Рис. 4): на ней видно, что партнеры могут сначала стать конкурентами, а затем врагами, и тогда даже искренние попытки проявить ценящее и поощряющее отношение уже не приносят желаемого эффекта, потому что в процессе борьбы было причинено слишком много боли и весь ресурс доверия друг к другу был безвозвратно утрачен.

Стрелка как часть шкалы символизирует и то, что если не замечать признаков неблагополучия, то деструктивность неизбежно возрастает, и то, что ее можно «отмотать» назад, если вовремя обратить внимание на признаки неблагополучия и грамотно их скорректировать.

Рисунок 4. Фазы отношений

Обратный обесцениванию и ослаблению эффект дает то, что К. Штайнер называл «открытием сердца», т.е. взаимодействие без утаивания своих мотивов и намерений, помогающее удовлетворять потребность в признании и любви. Человек с открытым сердцем счастлив, когда искренне делится любовью и принимает ее, и несчастлив, когда наоборот.

Отношения можно сравнить с экономикой, ведь основной их признак это обмен. В случае с отношениями это обмен не ценностями материальными, а поглаживаниями как единицами подтверждения ценности. При этом в отношениях совершенно иначе, чем в экономике, работает способ учета обмена, т.е. математика: если вы делитесь любовью, то она умножается, а если вы ее экономите, то ее становится еще меньше. Почему же люди так часто экономят на любви? Для ответа на этот вопрос необходимо понимать, что отношения – это не то, что с нами «случается». Это то, что мы осознанно или неосознанно делаем с этим случившимся.

К. Штайнер в ходе своей работы сделал парадоксальное наблюдение – люди в целом неадекватно экономны в отношении поглаживаний: они либо совсем не дают их другим, либо дают слишком мало и не умеют принимать поглаживания, даже когда отчаянно их желают (*Steiner & Perry, 1999; Steiner, 1979, 2003*). Многие люди испытывают внутренний дискомфорт и неловкость, когда их вполне заслуженно хвалят, или реагируют резко негативно, когда хвалят и ценят кого-то другого. Совокупность подобных проявлений Штайнер назвал «экономией поглаживаний» (stroke economy). Эта экономия, или даже скупость в отношении поглаживаний основана на предпосылке, что любовь – ресурс невозобновляемый и потому якобы может совсем иссякнуть при расходовании. Люди склонны верить в это из неосознаваемого опасения, что в итоге они останутся вовсе без признания и любви.

Идея экономии поглаживаний подразумевает, что навык удовлетворения потребности в признании и любви мы утрачиваем в процессе взросления: если ребенок со свойственной ему спонтанностью может и выразить любовь, и попросить о ней, то взрослый не просто цензурирует эту потребность, подавляя ее в себе, но часто даже не осознает, что она у него есть. Сама же потребность в признании и любви при этом никуда не исчезает, человек научается либо удовлетворять ее хотя бы частично или не напрямую, либо вырабатывает некие компенсаторные механизмы, позволяющие ему снизить уровень фрустрированности из-за ее неудовлетворения. В качестве компенсаций могут выступать и разные формы зависимостей, и манипулятивное поведение, и отрицание самой потребности в любви, и уход в изоляцию и одиночество.

По Штайнеру экономия поглаживаний проявляется в пяти тенденциях:
- не давать желаемых поглаживаний другим или давать их слишком мало;

- не принимать желаемые поглаживания от других;
- не отвергать нежелаемые поглаживания;
- не обращаться за желаемыми поглаживаниями;
- не давать желаемых поглаживаний самому себе.

Необоснованно экономное обращение с поглаживаниями в отношениях неизбежно заставляет партнеров засомневаться в собственной ценности и рано или поздно оборачивается фрустрацией и ухудшением отношений в паре. Штайнер считал, что состояние депрессии — это тоже результат дефицита любви и признания, вызванного неуместной экономией поглаживаний, то есть неумением переживать и выражать любовь и бережное отношение, в том числе к самому себе.

…Маргит с детства была гордой и недоступной – и ее родители всегда поощряли в ней эти качества. У нее за плечами три неудачных брака, а отношения с уже взрослым сыном далеко не безоблачные. Она пыталась снова найти спутника жизни, но ей, по ее словам, «трудно дается любезничанье» с мужчинами. Попав в нашу клинику после операции на позвоночнике, она чувствует себя крайне неуютно в роли пациентки. Ей одиноко, она скучает по своей работе дизайнером в большом мебельном концерне и изнывает от непривычно большого количества свободного времени.

– Я не признаю всех этих поверхностных знакомств, но тут есть один мужчина… Он оказывает мне знаки внимания. И я, честно говоря, не знаю, как на эти знаки внимания реагировать.

– А что за знаки?

– Он сказал, что я самая элегантная женщина во всей клинике и что он хочет пригласить меня в ресторан.

– А как Вы хотели бы отреагировать?

— Ну, я не знаю. Пусть он как-то так все сам сделает, чтобы мне вообще не пришлось реагировать...

— То есть в глубине души Вы хотели бы пойти с ним в ресторан?

— Да, я бы хотела. Он очень даже ничего. Он хорошо пахнет.

— Что же тогда мешает Вам ответить на его приглашение согласием?

— О, нет! Так не делается. Я не могу слишком быстро сдаваться. Я боюсь, что из-за этого он тут же потеряет ко мне интерес. Да и вообще, зачем это нужно, чтобы мужчина слишком много о себе мнил?

В 1969 году Клод Штайнер опубликовал небольшую притчу, в которой в метафорической форме описал, как в человеческих отношениях возникает и распространяется экономия поглаживаний. Эта притча называется «Сказка о теплых пушинках» (англ. The Warm Fuzzy Tale). Текст в оригинале и его перевод можно найти в интернете. В этой притче речь идет о нашей природной потребности в поглаживаниях, о том, насколько легко нами управлять против нашей воли именно через эту потребность, а также о том, что, не имея возможности получить желаемые поглаживания, мы готовы принять и нежелательные — лишь бы не остаться совсем без них.

Если любое поглаживание это способ подтверждения ценности, то логично, что мы часто действуем по принципу «плохие поглаживания лучше, чем вообще никаких». Именно поэтому иногда мы долго не решаемся выйти даже из дискомфортных и деструктивных отношений, в которых присутствует эмоциональное или физическое насилие.

В условиях физиологического голода любой организм страдает от дефицита питательных веществ и рано или поздно работа органов и систем начинает давать сбои. Так же и с голодом по поглаживаниям – хроническое их недополучение ведет к фрустрации, апатии, депрессии, отчаянию, тревожности, неуверенности в себе. Воспрепятствовать такой психологической «атрофии» можно, научившись общаться с другими, не исходя из усвоенной экономии поглаживаний, а осознанно противодействуя ей. Для этого в противовес пяти упомянутым ранее тенденциям экономии поглаживаний декларируется полное разрешение на обмен ими, т.е. человек осознанно позволяет себе

- давать желаемые поглаживания другим;
- принимать желаемые поглаживания от других;
- отвергать нежелаемые поглаживания;
- обращаться за желаемыми поглаживаниями;
- давать желаемые поглаживания самому себе.

%	От 10 до 100% штрихом отобразите выраженность каждой из тенденций. Чем ближе к 100% каждая из них, тем комфортнее отношения. Подумайте, какую из тенденций Вам хотелось бы развить в себе и какой Вам не хватает в партнёре. Ваш партнёр может создать и проанализировать свой профиль; обсудите с ним результаты и пожелания					%
100						100
90						90
80						80
70						70
60						60
50						50
40						40
30						30
20						20
10						10
	Я даю желаемые поглаживания	Я принимаю желаемые поглаживания	Я отклоняю нежелаемые поглаживания	Я обращаюсь за желаемыми поглаживаниями	Я даю себе желаемые поглаживания	
т.е	Я делаю комплименты, хвалю, проявляю симпатию	Мне приятно получать комплименты, похвалу, поддержку	Я сигнализирую, если мне что-то не нравится, могу постоять за себя	Я могу попросить о понимании, поддержке, похвале или комплименте	Я принимаю себя; я могу похвалить себя; я знаю свои сильные стороны	т.е.

Таблица 1. Тест-упражнение Профиль поглаживаний
(идея: Клод Штайнер)

Это и есть пять способов «открытия сердца» по Клоду Штайнеру, пять каналов, по которым единицами признания можно обмениваться свободно, удовлетворяя тем самым нашу потребность в принятии, признании и любви.

В своей работе я использую так называемый профиль поглаживаний, идею для которого подал Штайнер. Это таблица-опросник, помогающая визуализировать и осознать, какие из пяти тенденций экономии поглаживаний особенно выражены в отношениях. Каждый партнер заполняет свою таблицу, а результаты мы вместе разбираем на сессии. Это помогает гармонизировать взаимодействие, сделать его более аутентичным.

Если поглаживания всегда неотрывно связаны с ценностью, то и наибольший эффект они дают, когда сформулированы с учетом нашей потребности в подтверждении ценности. В умении формулировать поглаживания решающую роль играет предыдущий жизненный опыт. Так, если человек рос в семье, где было не принято давать желаемые поглаживания другим, то у него не было и возможности научиться их адекватно, то есть свободно давать их и принимать. Как правило, первые попытки такого человека похвалить кого-то или принять похвалу могут выглядеть немного неуклюже и ощущаются им самим как нечто неловкое и крайне непривычное. Человек может испытывать смущение, растерянность, да и просто страх – быть непонятым и отвергнутым. Как раз тут и пригождается умение осознавать и понимать истинную причину своих чувств (а она всегда абсолютно закономерна и легитимна), а также умение адекватно эмоции выражать.

…Элизабет с горечью рассказывает, что ее муж обращается с ее двенадцатилетним сыном от первого брака не так, как ей хотелось бы, и ее это очень задевает:

— Меня всякий раз передёргивает, когда он с ним говорит таким тоном...

— Каким тоном он с ним говорит?

— Как с подчиненным. Он и со мной иногда так разговаривает, но я как-то привыкла закрывать на это глаза.

— Есть что-то, что вынуждает Вас закрывать глаза на то, что Вам не нравится его тон?

— Не знаю. Наверное, я просто избегаю конфликтов, не хочу его провоцировать... Он тоже сильно устает на работе, и он там привык командовать, он часто просто не замечает, что его тон не соответствует обстановке...

— Знает ли он о том, как Вы себя при этом чувствуете и что Вам не нравится, что он «играет в начальника» с вашим сыном?

— Нет. Я не думаю, что он знает. Я ему об этом никогда не говорила.

— А может быть такое, что он пошел бы Вам навстречу, если бы Вы его ласково попросили быть дома не начальником, а просто мужем и папой?

— Я не знаю. Может быть. Я просто всегда стараюсь избегать конфликтов, потому что в детстве меня наказывали, когда я пыталась возражать отцу. Я не умею этого делать. Особенно ласково...

Мы склонны принимать от других нежелаемые поглаживания, потому что нас приучают воспринимать это как нечто благоразумное или «выгодное»: не возражаешь против обращения, которое тебе не нравится, — значит, «не нарываешься на неприятности». Однако цена, которую приходится платить за такую адаптацию, может оказаться слишком высокой, особенно в долгосрочной перспективе. Отношения Элизабет медленно, но верно портятся из-за постоянно присутствующего ощущения нежелательности происходящего, да еще и сын все меньше уважает ее из-за того, что она ведет себя как не совсем взрослый человек...

Элизабет, не осознавая этого, подменяет понятия — употребляет глагол «возражать» там, где можно не возражать, а, например, выразить вежливую просьбу. Ведь взрослый человек — это человек, умеющий осознанно пользоваться имеющимися у него ресурсами, в том числе и способностью дипломатично выразить некую просьбу: просьбу проявить чуткость и понимание, учесть чувства. И просьбу эти чувства не ранить.

Иногда мы боимся нарушить установившийся баланс, чтобы не потерять того, что у нас есть, действуя по принципу «худой мир лучше доброй ссоры». Но при этом не замечаем, что такое представление было навязано нам в рамках все той же экономии поглаживаний что и на самом деле есть вполне работающая альтернатива: ласково попросить учесть наши интересы. Такая мнимая безвыходность — это лишь малая часть тех когнитивных искажений, которые мы усваиваем в процессе социализации и которые делают нас несчастными.

Разберем детальнее все пять способов здорового обмена поглаживаниями и то, как они могут проявляться в повседневной жизни.

Умение давать желаемые поглаживания другим — это про щедрость в выражении симпатии, благодарности, приверженности, уважения и любых других форм подтверждения ценности кого-то. И это то умение, которое делает его носителя привлекательным в глазах других. Если поглаживания искренние и не преследуют какую-то корыстную цель, то они всегда доставляют удовольствие их получателю и тем самым завоевывают его расположение. Человек, не сомневающийся в своей ценности, как правило, не сомневается и в том, что его поглаживания желанны и будут приятны, а потому у него нет внутреннего запрета их давать.

Умение принимать желаемые поглаживания – это прежде всего необходимая предпосылка для поддержания психического здоровья в целом. Принимать поглаживание – не то же самое, что получать. Можно получить желаемое поглаживание, но не ощутить его, не воспринять, не насладиться им; это как получить желанный подарок, но не распечатать его. К умению принимать поглаживания относится и умение принять поддержку и помощь, которые любому из нас иногда необходимы. Умение услышать комплимент и не обесценить его, играя в ложную скромность. В контексте потребности в подтверждении ценности это умение можно вербализовать так: «Моя ценность бесспорна и если мне дают качественные поглаживания, мне в радость их принимать».

Умение отвергать нежелаемые поглаживания присуще далеко не всем, но оно нам бывает крайне необходимо. В терминах трансактного анализа неумение отклонять нежелаемые поглаживания напрямую связано с драйвером «Радуй меня» (англ. please me). Этот драйвер (англ. to drive – водить, побуждать) представляет собой неосознаваемую приобретенную склонность подстраиваться под ожидания других в ущерб собственным интересам и потребностям.

Одно из проявлений драйвера «Радуй меня» – неумение дать знать партнеру по коммуникации, что именно в коммуникации им не нравится. Ведь не нравиться нам может что угодно: тон голоса, определенные выражения или прозвища, которые нам присваивают. Человек с драйвером «Радуй меня» боится разочаровать или огорчить другого. А крайняя степень этого драйвера это так называемый синдром спасателя, когда человек в стремлении быть «хорошим» для всех выбирает помогающую профессию (например, профессию медсестры, сиделки, воспитателя), но склонен эмоционально выгорать, истощая свои ресурсы, так как не учитывает их ограниченность и не умеет вовремя грамотно обращаться с ожиданиями других. Человеку с выраженным неумением отвергать нежелаемые поглаживания бывает крайне затруднительно эффективно противостоять моббингу или буллингу, защитить себя, да и просто не позволять другим пересекать свои личностные границы и доставлять себе дискомфорт.

Умение обращаться за желаемыми поглаживаниями часто ошибочно путают с демонстративностью, эгоизмом или эгоцентричностью, но в то же время люди, которые умеют изящно «напроситься» на комплимент или похвалу, как правило, пользуются популярностью и вызывают неподдельную симпатию у окружающих. Ведь если это делать искренне и без внутреннего напряжения, то партнер по коммуникации непременно пойдет навстречу. Такое спонтанное поощрение к поглаживанию, как, например, «Посмотри, как хорошо у меня в этот раз получилось!», обычно приводит к желаемому эффекту. К умению без ложной скромности попросить о желаемых поглаживаниях относится и умение попросить о поддержке и помощи, когда они необходимы.

Умение давать желаемые поглаживания самому себе – пожалуй, основополагающее умение из всех пяти. Оно напрямую связано с окейностью (то есть с ощущением собственной ценности), о которой речь пойдет в следующей главе. Основополагающим я его считаю потому, что если человек не умеет адекватно ценить самого себя, то все остальные умения в плане поглаживаний ему даются труднее или не даются вообще. Все мы притягиваем в свою жизнь именно тех партнеров, супругов и друзей, которые склонны ценить нас ровно настолько, насколько мы ценим сами себя.

Важно учитывать, что развитие умения обмениваться желаемыми поглаживаниями требует определенной смелости и честности перед самим собой и это не всегда легко и просто – освобождаться от усвоенных когда-то шаблонов взаимодействия. Непросто это не только потому, что нам нелегко менять привычки, но и потому, что экономия поглаживаний имеет прямое отношение к так называемым психологическим играм, как понимал их Эрик Берн, к сценарию и к неокейности, т.е. это задача, которую можно успешно решить только с участием грамотного специалиста. Итак, самое время рассмотреть понятие окейность и ее роль в отношениях – об этом речь в следующей главе.

Часть 2

КАК РАБОТАЮТ ОТНОШЕНИЯ

Глава 6. ОКЕЙНОСТЬ: ТОЛКОВАНИЕ ПО ПРИНЦИПУ ЦЕННОСТИ

Счастье в отношениях определяется окейностью, т.е. совокупностью аспектов отношения к себе — самовосприятия, самосознания и самооценки. Для описания этой совокупности в трансактном анализе есть понятие жизненная (экзистенциальная) позиция, охватывающая одновременно отношение к себе и к другим. Это понятие можно рассматривать и как цельную концепцию самовосприятия, ибо, как существа социальные, мы:
- изначально формируем самовосприятие на основании восприятия нас значимыми другими
- никогда не рассматриваем себя в отрыве от отношений с другими
- вольно или невольно сравниваем себя с другими или знаем, что кто-то сравнивает нас.

Дуальность жизненной позиции Берн в свойственной ему упрощающей манере выразил в формуле «Я ОК – Ты ОК». Каждый из двух компонентов жизненной позиции может быть окрашен либо положительным, либо отрицательным отношением (см. Рис. 5).

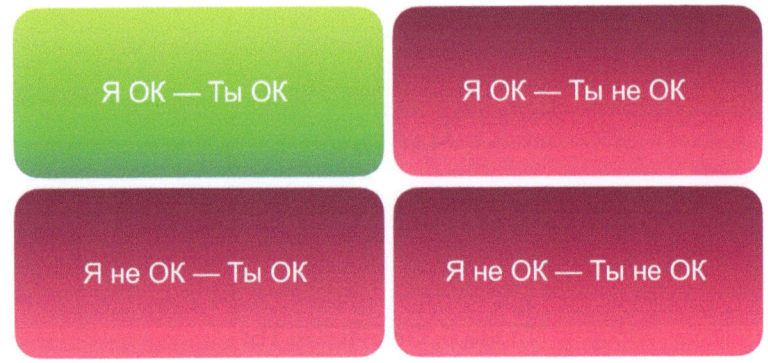

Рисунок 5. Четыре жизненные позиции по Э. Берну

Любая из жизненных позиций с компонентом «не ОК» проявляется в самых разнообразных неблагополучных тенденциях: склонности манипулировать и/или становиться объектом манипуляций; неумении за себя постоять; стремлении «спасать», то есть заботиться о другом взрослом в ущерб себе; эмоциональной зависимости от других; тяге к чрезмерной изоляции или, наоборот, к доминированию и злоупотреблению силой и властью – словом, в недостаточном умении выстраивать гармоничные отношения, в которых обеим сторонам было бы комфортно.

Исследуя в процессе психотерапии причины своей неудовлетворенности отношениями, человек неизбежно рано или поздно приходит к необходимости изменить свое самовосприятие в пользу позиции «Я ОК – Ты ОК». Один мой клиент попытался сформулировать свое понимание этой позиции так: «Это что-то вроде библейского «Возлюби ближнего своего, как себя самого»?»

Давайте поразмыслим над этим. Любить ближнего, как самого себя, – отличная идея, однако понимание позиции «Я ОК – Ты ОК» только в ключе «возлюби» сводит ее лишь к эмоциональной составляющей, без учета рассудочной, которая здесь более важна. А в рассудочном смысле здесь неизбежно встает вопрос субъективно воспринимаемой индивидуальной ценности, то есть отношение к себе как к чему-то безусловно ценному, – это и есть окейность[6] (от англ. okayness). Противоположным ему является отношение самообесценивающее (неокейность).

Принцип ценности уже пытались по-своему сформулировать и крупные психологи 20-го века, такие как Альфред Адлер и Карл Роджерс: Адлер в виде концепции комплекса неполноценности, Роджерс через понимание психологических неблагополучий индивида как следствия его тенденции воспринимать себя никчемным и недостойным любви. В ставших классикой текстах трансактных аналитиков также есть прямые указания на ценность как решающий критерий. Приведу лишь несколько из найденных мною фрагментов:

«Наиболее фундаментальное предположение ТА состоит в том, что все люди OK. Это означает: ты и я оба имеем ценность и достоинство как люди. Я принимаю себя таким, какой я есть, и я принимаю тебя таким, какой ты есть. Это утверждение о сущности, а не о поведении» (*Stewart & Joines, 1987, стр. 7*).

Вот о модели эго-состояний: «Что предлагает эта крайне упрощенная модель? Она постулирует: «Когда я думаю, я нахожусь во Взрослом. Когда я чувствую, я в Дитя. Когда я выношу оценочные суждения, я нахожусь в Родителе» (*Stewart & Joines, 1987, стр. 19*).

Вот о жизненных позициях: «Они представляют собой фундаментальные позиции, которые человек зани-

---

[6] Можно было бы, конечно, подобрать сугубо русскоязычное наименование – например, «субъективное ощущение собственной безусловной ценности», но простоты ради я буду употреблять в тексте именно международный термин «окейность».

мает в отношении сущностной ценности, приписываемой им себе и другим. Это означает нечто большее, чем просто иметь мнение о своем поведении и поведении других людей» (*Stewart & Joines, 1987, стр. 117*).

«Жизненная позиция: основные убеждения человека о себе и других, которые используются для оправдания решений и поведения; фундаментальная позиция, которую человек занимает в отношении сущностной ценности, каковую он или она воспринимает в себе и других» (*Stewart & Joines, 1987, стр. 330*).

Итак, позиция «Я ОК – Ты ОК» подразумевает представление о том, что ваша человеческая ценность (достоинство) равна ценности другого человека: «Я ценен – Ты ценен». Такой подход делает возможным ведение диалога на равных, из позиций «взрослый – взрослый», а не из обесценивающей другого («Я ОК – Ты не ОК») или самообесценивающей («Я не ОК – Ты ОК»). Итак, окейность – это адекватное самовосприятие, то есть осознание себя как заведомо не менее ценного и достойного, нежели некий условный другой.

Рассмотрим, как проявляются эти позиции в отношениях. Пример: ситуация, в которой вы ощущаете дискомфорт в коммуникации с кем-то: например, слова (манера, тон) собеседника воспринимаются вами как обесценивающие (манипулятивные, задевающие чувства, некомфортные). Здесь возможны всего четыре типа реагирования:

1. Из позиции «Я не ОК – Ты ОК» вы реагируете попыткой избежать конфронтации и «прогибаетесь» под собеседника. Это лишь усиливает ваш внутренний дискомфорт, т.к. вы начинаете сердиться уже и на себя – за неумение защититься и отреагировать желаемым образом, учитывая и свои потребности.

2. Из позиции «Я ОК – Ты не ОК» вы можете отвечать грубо и обесценивающе, что лишь усугубляет конфликт. Усилить дискомфорт может и чувство вины из-за проявленной резкости и недостатка дипломатии.
3. Из позиции «Я не ОК – Ты не ОК» вы можете полностью прервать коммуникацию/отношения, не веря в то, что можете повлиять на ситуацию и что собеседник может отреагировать адекватно; дискомфорт/обида остается.
4. Из позиции «Я ОК – Ты ОК» вы не игнорируете внутренний дискомфорт, то есть не обесцениваете свою потребность в подтверждении ценности, и в уважительной манере доносите до собеседника, как, на ваш взгляд, было бы эффективнее вести диалог. В зависимости от характера отношений это можно сформулировать приблизительно так: «Пожалуйста, говори со мной спокойно и уважительно, чтобы мы лучше поняли друг друга».

Истинно окейная позиция всего одна и выражается формулой «Я ОК – Ты ОК», элемент «ОК» в трех остальных жизненных позициях чисто условен. Потому что не бывает по-настоящему ценящего отношения к другому без ценящего отношения к себе. Окейность, как зубная щетка, – нужна своя. Если кто-то пытается генерировать свою ценность за счет чужой, значит, он не ощущает себя достаточно (полно)ценным в данной ситуации. Мы не обесцениваем других, когда с нашей окейностью все в порядке.

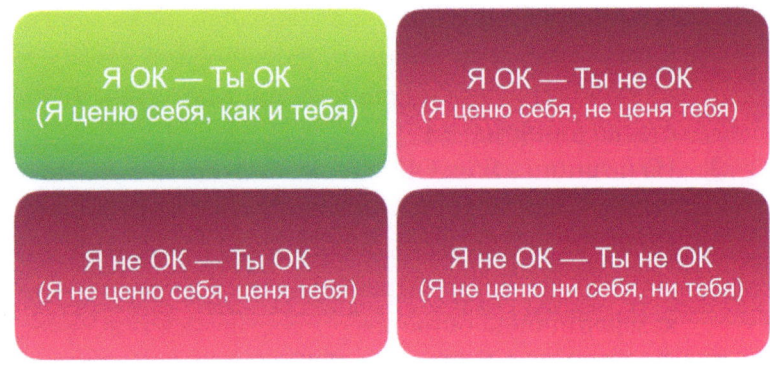

Рисунок 6. Четыре жизненные позиции по Эрику Берну, уточненные по принципу ценности.

Конфликтные ситуации это часть любой социальной реальности, и ожидать, что ближний тебя непременно возлюбит, как и ты его, просто нереалистично, поэтому более точной и функциональной формулой мне представляется так называемое «золотое правило» (англ. Golden Rule): поступай с другими так, как ты хотел бы, чтобы поступали с тобой. Эта этическая формула издавна являлась частью философских учений и Востока, и Запада и является основополагающим мировым этическим принципом. И она именно про ценность, то есть про умение обращаться с другими без обесцениваний.

Окейность помогает разрешить конфликт, тогда как неокейность его лишь усугубляет. Окейность как самоощущение можно выразить следующей формулой: «Я не могу испытывать расположенность к человеку, который задел или ранил мои чувства, но в моих силах не давать себя в обиду и попытаться адекватно восстановить нарушенный комфорт. Из позиции «Я ОК – Ты ОК» я создаю предпосылку пойти мне навстречу, но если по каким-то причинам мне навстречу не пойдут — я смогу с этим жить».

В отношениях, где есть недвусмысленно понимаемая и ощущаемая окейность, нет дискомфорта и ощущения, что кто-то посягает на твое достоинство; нет стремления кому-то что-то доказать; нет желания заслужить одобрение любой ценой; нет болезненной зависимости от чьей-то оценки... А есть умение договариваться и получать желаемое в отношениях экологичными, комфортными для обоих способами.

Окейность вырастает из ценящего, то есть бережного и уважительного отношения родителей к ребенку. И из родительских поглаживаний, то есть из совокупности всей оценочной (ценящей или обесценивающей) информации, воспринимаемой ребенком от родительских фигур. Окейность можно создать или восстановить и уже во взрослой жизни, осознанно пересмотрев те обесценивания, которые когда-то были нами некритично восприняты и встроены в отношение к себе, заменив их адекватным, т.е. ценящим самовосприятием. Но давайте сначала рассмотрим, как именно возникает неокейность — в следующей главе, которая пригодится вам как родителям или педагогам.

Глава 7. ОБЕСЦЕНИВАНИЯ В ОТНОШЕНИЯХ РОДИТЕЛЕЙ И ДЕТЕЙ

В идеале, если вы не готовы обращаться со своим ребёнком как с королевской особой, т.е. бережно и уважительно и при этом нежно, как по-настоящему близкие люди, то родительство вас рано или поздно разочарует. Я намеренно беру такую планку, ибо будем честны: мы все желаем именно такого отношения к себе со стороны самых важных в нашей жизни людей. Просто будучи детьми, мы не умеем это ни сформулировать, ни на этом грамотно настоять.

Однако давайте сначала рассмотрим, как так получается, что мы умеем проявлять уважение и чуткость к неблизким людям и не всегда умеем вести себя также бережно и уважительно с собственными детьми.

То, какими мы вырастаем, во многом зависит от явных и скрытых родительских посланий, которые мы воспринимаем и интерпретируем. В конце 60-х годов Берн разработал теорию личностного сценария, определив сценарий как бессознательный жизненный план, который «составляется в детстве, подкрепляется нашими родителями и подтверждается доказательствами, которые мы ищем на протяжении жизни, дабы удостовериться, что наши убеждения оправданны» (*Berne, 1972*).

Сценарий – это противоположность свободы. Часто родители слепо навязывают эту несвободу своим детям под видом заботы и любви – потому что и сами в свое время получили от родителей некое сценарное наследие и другого у них просто не было. Передача сценарных убеждений и неокейности в родительско-детских отношениях – это неумышленное зло под маской добра и ненарочное насилие под маской заботы. Неокейность как несущая часть сценария ограничивает нас и делает нас менее свободными и менее счастливыми, чем мы могли бы быть.

Позднее, уже в 70-х Роберт и Мери Гулдинги внесли свой вклад в понимание конкретных родительских запретов и предписаний (англ. injunctions), формирующих наш жизненный сценарий. Ограничивающе и подавляюще воздействуют на ребенка те родительские формы обращения с ним, в которых ребенок интуитивно или напрямую улавливает вних следующие скрытые послания: «Не будь» («Не живи»), «Не будь собой», «Не будь ребенком», «Не расти», «Не будь важным», «Не думай», «Не чувствуй» (Goulding & Goulding, 1976). Здесь примечательно то, что любое из подобных предписаний напрямую противоречит удовлетворению естественных потребностей и, в частности, потребности в подтверждении ценности.

К сожалению, не каждое семейное взаимодействие свободно от тех или иных форм пренебрежения или форм насилия. Много где повышают голос – родители друг на друга и родители на детей. Не нарочно и не планируя это заранее, просто чтобы вынудить других что-то сделать или сбросить на кого-нибудь «горячую картошку», то есть накопленный где-то в другом месте негатив. Среди моих клиентов и по сей день вовсе не редкость те, кого родители в детстве били. Многие мои немецкие клиенты, ходившие в школы еще в конце 60-х годов, говорят, что тогда не считалось чем-то экстраординарным, если школьные учителя «в воспитательных целях» хлопали их линейкой по пальцам. Позже насилие в немецких школах перестало быть нормой и новые «непоротые» поколения уже не говорят об учителях, распускавших руки. Однако за закрытыми дверями родительское насилие – психологическое или эмоциональное – в самых разных формах встречается и по сей день.

Будучи детьми, мы еще не умеем подвергать родительские действия и высказывания анализу и проверке на адекватность, ведь у ребенка нет ни соответствующего опыта, ни развитого критического мышления. В нашем восприятии родители – авторитеты, источник важнейших знаний о нас самих, о других людях и об отношениях между ними, и поэтому обесценивающее отношение родителей ребенком обычно воспринимается как нечто правильное, как норма или как необходимость. Вырастая в такой реальности, человек стремится оправдать такое отношение со стороны родителей и встраивает обесценивания в свое самовосприятие, не осознавая, как начинает обесценивать себя сам, уже без участия родителей.

Так в нашей психике и возникает внутренняя инстанция, которую в традиции трансактного анализа принято называть Критикующим Родителем и которая изначально не является частью нашей природы. Антиподом Критикующего Родителя является так называемый Заботливый Родитель и это хранимые в нашей памяти поддерживающие и защищающие шаблоны мышления и поведения родительских фигур, базирующиеся на безусловном принятии и любви, которые нам так необходимы.

Критикующий Родитель это часть нашей психики, развивающаяся под влиянием среды, навязанная нам извне и противоречащая нашей природе – она обесценивает и репрессирует наши природные потребности, мешая нам экологично их удовлетворять. Поэтому с моей точки зрения, эту внутреннюю инстанцию логичнее называть Обесценивающим Родителем: прежде всего она противоречит нашей потребности в любви и комфортных отношениях, т.е. в подтверждении нашей ценности, и мешает ее удовлетворению. Обесценивающий Родитель как бы захватывает место в эго-состоянии[7] Родителя, блокируя его, маскируясь под неотделимую его часть и иногда полностью перенимая контроль.

---

7 Эго-состояние – узнаваемый паттерн чувствования, мышления и поведения, проявляющийся в нашем поведении, принятии решений и коммуникации. Структурно психика человека состоит из трех эго-состояний, а функционально – из пяти (Обесценивающий Родитель, Ценящий Родитель, Взрослый, Свободное Дитя и Покорно-Бунтующее Дитя).

Рисунок 7. Функциональная модель эго-состояний по Берну и Штайнеру, уточненная по принципу ценности. Серые части блокируют нашу ресурсность, делая нас менее аутентичными, автономными и эффективными.

Этот захват происходит в процессе нашего общения с родительскими фигурами, сообщающими нам меньшую ценность по сравнению с ними или другими людьми. Обесценивающий Родитель это неотъемлемая часть сценария, сохраненный в нашей памяти собирательный образ подавляющей родительской фигуры, шаблонов ее мыслей и поведения, убеждений, предписаний и запретов. Основу психотерапевтической работы часто составляет прежде всего осознание усвоенных когда-то деструктивных шаблонов (само-)обесценивания и замена их адекватным отношением к себе. Осознание своего сценария это первый шаг на пути к освобождению от него.

Еще в 1960-е годы Штайнер (с подачи Х. Викофф) ввел в обиход групповой психотерапевтической работы наименование Родитель-Свин (англ. Pig Parent) (*Steiner, 1974, 1979*). Этот псевдоним Критикующего Родителя восходит к традиции называть так (pigs) полицейских, чьей задачей было подавлять и жестко наказывать, в частности, демонстрации студентов в США против войны во Вьетнаме в те годы.

Так сложилось, что концепт в разные времена носил разные имена: Prejudicial Parent (Предвзятый родитель), Controlling Parent (Контролирующий Родитель), Witch Messages (Послания ведьмы), Electrode (Электрод), Ogre (Людоед), о происхождении и толковании этих наименований можно почитать у Берна (*Berne, 1963, p. 136*) и Штайнера (*Steiner, 1979*), однако на мой взгляд ни одно из этих наименований не отражает полно и непротиворечиво суть феномена.

Прилагательное «критикующий» не отражает сути этого эго-состояния, ведь сообщить послание «Ты не ОК» можно и не прибегая к критике, но при этом оказывая даже еще более разрушительный обесценивающий эффект. И наоборот, конструктивная критика, выраженная в необесценивающей форме, будет принята как полезная. Также смыслово размыт и эпитет «заботливый», оставляющий пространство для интерпретаций: гиперопека как форма заботы ограничивает и противоречит нашей потребности в росте, автономии и самоопределении. И наименование «Контролирующий Родитель» также не выражает проблему, ведь до определенного возраста контроль это необходимая родительская функция, которую можно осуществлять как в обесценивающей манере (подавляя, унижая достоинство объекта контроля), так и в ценящей – оберегая, нежно опекая, и проявляя уважение к чувствам и потребностям ребенка.

Некоторые трансактные аналитики дополняют плюсы и минусы к каждой из составных частей Родителя в функциональной модели. Так они выражают идею, что родительские функции могут быть выполнены как в позитивных (желательных), так и в негативных (нежелательных) формах. Как желательные нами воспринимаются поддерживающие, поощряющие и не противоречащие нашим потребностям родительские воздействия, а как нежелательные – ограничивающие, подавляющие, доставляющие эмоциональный дискомфорт. Разницу мы ощущаем именно через потребность в ценящем, т.е. бережном и уважительном отношении к нам: и забота может ощущаться как обесценивающая, если родитель не подбирает тон и слова.

Задача психотерапевтической работы с парой – помочь выяснить причины возникших сложностей в отношениях, чтобы их устранить. Функциональная модель по принципу ценности помогает, не множа сущее без необходимости, отделить нежелательные трансакции от желательных, научиться различать их в реальной жизни и адекватно, т.е. необесценивающе реагировать на них.

В парадигму принципа ценности идеально вписывается то, что подчеркивал Клод Штайнер: отношения, исполненные любви и сотрудничества возможны только тогда, когда мы осознанно идентифицируем в собственной психике обесценивающие родительские паттерны и полностью исключаем их как из внутреннего диалога, так и из взаимодействия с другими. И отдаем весь контроль ценящей Родительской части, которая не обесценивает нашу потребность в признании и любви.

Это полностью согласуется и с моим опытом работы: не «очистив» от обесцениваний терапевтическое взаимодействие, мы рискуем лишь репродуцировать старый сценарный паттерн вновь и вновь, пусть даже без прежней его деструктивности. Следование же правилам открытия сердца дает эффект мощного освобождения.

Поэтому ради полного взаимопонимания в работе с клиентами я предпочитаю вместо вышеупомянутых обозначений эго-состояния Родитель пользоваться соответственно терминами «Обесценивающий Родитель» и «Ценящий Родитель». По моему опыту, такой подход позволяет избежать неясностей и гораздо проще достичь нужных эффектов в работе с клиентом, не знакомым с трансактным анализом во всей его глубине.

Функциональная модель, изображенная на картинке, помогает осознать, из какого эго-состояния человек действует в данный момент. Такая ясность нужна для коррекции взаимодействия, зашедшего в тупик, ведь мы сами не всегда отслеживаем, какое из наших действий или высказываний вызвало в собеседнике совсем не тот эффект, что мы ожидали. Так, действия из Обесценивающего Родителя часто вызывают как минимум дискомфорт, а как максимум жесткое противодействие в партнере по коммуникации, которые будут иметь отложенные, т.е. не мгновенные, но всегда нежелательные эффекты.

По сути при помощи трансактного анализа мы всегда анализируем аттитюд, то есть отношение к объекту трансакции. Аттитюд проявлен в трансакции всегда и наше бессознательное заточено «замерять», обнаруживать, насколько ценящим это отношение является. Функциональная модель по принципу ценности помогает проанализировать причины возникшего дискомфорта, отчуждения или эскалации, так как сфокусирована на центральной потребности из разряда социальных – на потребности в подтверждении ценности. Скрытые послания, которые мы считываем в отношении к нам в моменты неудовлетворительных коммуникаций, приведены в таблице 2.

ЭГО-СОСТОЯНИЕ	СКРЫТОЕ ПОСЛАНИЕ
Ценящий Родитель	„Ты ценен и достоин бережного и уважительного отношения"
Обесценивающий Р.	„Ты не (настолько) ценен, чтобы беречь твои чувства"
Взрослый	осознанность, проверяющая адекватность скрытых посланий
Свободное Дитя	„Я ОК и желаю бережного и уважительного к себе отношения"
Покорное Дитя	„Я не ОК" (и приходится покориться поставленным условиям)
Бунтующее Дитя	„Я не покоряюсь, но противостою обесцениванию не из Взрослого"

Таблица 2. Эго-состояния и характеризующие их скрытые послания

Неуверенность в себе, склонность учитывать интересы других в ущерб собственным интересам, чрезмерный страх быть отвергнутым, низкая самооценка, зависимость от чужого мнения, неспособность постоять за себя – все это не врожденные свойства, а проявление усвоенного в процессе социализации Обесценивающего Родителя. Это эго-состояние играет заметную роль в нашей психической жизни и весьма ощутимо влияет на наши отношения с другими: оно присутствует как в отношении к самому себе (самообесценивание), так и в отношении к окружающим (обесценивания, «токсичность»). Мы можем пострадать от чьего-то Обесценивающего Родителя, если не берем себя под защиту, то есть когда наш собственный Ценящий Родитель недостаточно силен.

Обесценивающий Родитель проявляется в виде разнообразных вариаций послания «Ты не ОК» («Ты недостаточно хорош/умен/красив etc», «Ты не справишься», «Тебе не дано» и т.п.), которые мы улавливаем в рамках вербальной и невербальной коммуникации с разнообразными родительскими фигурами – родителями, воспитателями, учителями, то есть любыми людьми, занимающими более высокие ступени в возрастной, должностной или профессиональной иерархии.

Важной частью моей работы обычно становится развитие осознанности на предмет различия между Ценящим и Обесценивающим Родителями и различия между Взрослым и Обесценивающим Родителем. Так, сначала я приглашаю клиента подумать и определить самостоятельно, на сколько процентов он склонен доверять каждому из своих родительских эго-состояний. Часто я получаю ответ «20/80 или 30/70 в пользу Обесценивающего Родителя».

Когда же я прошу проанализировать, что именно побуждает клиентов доверять своей подавляющей, а не поощряющей внутренней инстанции, они отвечают: «Ну, не знаю, может, это голос разума?» или «Ну, наверное, он может уберечь меня от всяких глупых поступков». И это одна из типичных подмен понятий, которые мы некритично вписываем в свой сценарий, путая свойства Обесценивающего Родителя и Взрослого. На самом деле только Взрослый воплощает собой голос разума, рассудочности и здравого смысла. И именно он помогает отличить глупые поступки от неглупых. Обесценивающий Родитель лишь маскируется под голос разума, но быть им никогда не может. Поэтому единственный верный ответ на вопрос «Сколько процентов контроля следует отдавать Обесценивающему Родителю?» это ответ «Не более чем ноль процентов».

...Феликс – успешный предприниматель. В своей сфере бизнеса он – «большой» человек, на него работают масса преданных ему людей. Он состоялся и в семейной жизни, у него двое прекрасных дочерей. Ему есть чем

гордиться. В нашу клинику он попал после инфаркта, которому предшествовали несколько депрессивных фаз и синдром эмоционального выгорания.

— Боже, как тонко он всегда умел дать мне понять, что я для него недостаточно хорош... Неважно, чего я добился и насколько меня уважают окружающие... В голове у меня то и дело звучит голос отца: «Ты ничтожество», — рассказывает Феликс.

— И при этом Вы осознаете, что этот внутренний голос, мягко говоря, не прав?

— Да, теперь я уже это осознаю. Но это как бы только рациональный уровень. А на эмоциональном я иногда чувствую себя так, как будто я все тот же мальчик, которым его папа недоволен. И который надеется, что папа его похвалит и погладит по голове или просто возьмет за руку... Мне этого так не хватает...

— А что побуждает Вас доверять тому, что «говорит» этот голос?

— Ну это же папа. Мне хочется верить, что он желает мне добра — чтобы я чего-то добился в жизни... И он взрослый, поэтому, в силу своего жизненного опыта, он знает что-то, чего не знаю я...

— А сколько ему было лет, когда это происходило?

— О, ему тогда было... Ну, в общем, я сейчас уже гораздо старше, чем он был в то время...

— А есть ли вероятность того, что Ваш папа вел себя так просто потому, что ощущал себя примерно так же, как Вы в такие моменты, — растерянным, неуверенным в себе и потому неспособным на нежность и поддержку? В силу того, что и у него самого был похожий папа?

Феликс откидывается на спинку кресла, задумывается и выдыхает с облегчением. Сессия за сессией он учится не доверять так слепо своему внутреннему голосу, который сообщает ему «Ты не ОК» в разных вариациях, и больше верить той своей внутренней инстанции, которая говорит: «Ты заслуживаешь любви. И не только своими делами, а и просто так – за то, что ты есть».

Деструктивная власть Обесценивающего Родителя построена на ложных представлениях о реальности, которые – часто ненамеренно – навязываются родителями ребенку: например, что любовь это ресурс ограниченный. Я вспоминаю целый ряд пациентов, которые горько плакали в моем кабинете, рассказывая о том, как они всю жизнь стремятся заслужить одобрение и принятие своих родителей и как много сил они при этом тратят «не туда»… Стремление бежать за «морковкой одобрения» начинается с некоего обесценивания и условия. Это условие не обязательно проговаривается родителем вербально, но оно обязательно считывается ребенком: «Я стану тебя ценить, если ты…»

Есть множество способов не подтвердить ценность ребенка – нечуткостью, пренебрежением, отсутствием к нему интереса или просто грубостью, злоупотреблением силой. Человек, переживший в детстве «обессиливание» со стороны «фигур силы», став взрослым, нередко придает чрезмерное значение символам и проявлениям «силы», атрибутам высокого статуса, превосходства и власти над другими. Это происходит из-за стремления изжить свой травмирующий опыт и восстановить свою исходную ценность, избежать позиции жертвы по принципу «только б не меня!». Склонность к эмоциональному или физическому насилию как выражению деструктивной власти над кем-то часто является гиперкомпенсацией опыта травмы. А бывает и наоборот: в силу опыта обесцененности человек учится выше всего ценить «добрую силу» и пытается быть ею для других. Как в случае с Феликсом.

– *Я то и дело ловлю себя на том, что опекаю тех,*

кто нуждается в моей помощи. Точнее, мне кажется, что нуждается. Я сам не замечаю, как иду на поводу у своего синдрома помощника, и потом сам же злюсь на себя...

— *За что именно Вы на себя злитесь?*

— *За то, что слишком поздно замечаю, что делаю все это только для того, чтобы заслужить признание и одобрение. В конечном итоге все это как бы для моего отца — чтобы показать ему, какой я хороший и каким он должен был быть для меня! И все бы ничего, но мне стоит это столько энергии и стольких огорчений...*

Однажды я наблюдала ситуацию, которая, на мой взгляд, является наглядной иллюстрацией того, какие эффекты производят обесценивания. У торгового центра паркуется машина и из нее выходят мама с сыном лет семи. Мама грубо бросает сыну: «Дверь закрывай, сколько раз повторять!» — и тут же с просиявшим лицом обращается к идущей им навстречу приятельнице: «О! Привет, дорогая, отлично выглядишь, как твои дела?»

Лицо мальчика тут же выразило то, как мальчик воспринял это милое щебетание мамы, так резко отличавшееся от ее обращения с ним, я как будто считала на его лице, какое именно скрытое послание он при этом уловил. Это было что-то вроде «Мне не настолько важны твои чувства, чтобы стараться их беречь» или «Ты для меня гораздо менее ценен, чем чужая тетя». То, что сын воспринял это обесценивающее послание и оно ранило его чувства, было написано на его лице большими неоновыми буквами.

Конечно, ребенок не всегда может оформить считываемые им послания в завершенные фразы вроде тех, что я предложила в качестве интерпретации, а в довербальной фазе развития ребенка это невозможно еще и технически. Но ребенок всегда чувствует градации отношения и изменения отношения к нему. Для ребенка взаимодействие со значимыми родительскими фигурами это непрерывный поток информации о нем самом и о его ценности. Из этого строительного материала он и конструирует свою самооценку, самосознание и самовосприятие, которые призваны ответить на два главных вопроса взросления: «Кто я?» и «Насколько я ценен по сравнению с другими?».

Любой ребенок остро чувствует отношение к себе, и родители об этой чувствительности интуитивно знают, но применяют обесценивающие трансакции иногда потому, что это кажется им «эффективнее»: крикнул – и чуткое дитя уже не мешает или послушно выполняет твои наказы. Однако нередко мамы и папы прибегают к обесценивающим высказываниям, вовсе и не обдумывая их эффекты. Иногда просто не зная иных форм взаимодействия в силу собственного опыта. А иногда за криком или грубостью родителя прячется его собственный страх, который он просто не умеет вовремя осознать и адекватно выразить. Ребенок принес плохие оценки – родители повышают голос, достают ремень или угрожают отлучением от игр. Такое насилие – это проявление субъективно воспринимаемого бессилия, то есть неумения влиять на ребенка способами, которые давали бы положительный эффект и при этом не ставили бы ценность ребенка под вопрос.

Такими обесцениваниями родители неосознанно «встраивают» в детскую психику Обесценивающего Родителя и там он функционирует уже сам по себе. И из-за этого вредоносного «вируса» система работает с перебоями уже во взрослой жизни: мы пропускаем мимо внимания обесценивания извне и не замечаем, как уже вовлеклись во взаимодействие, неминуемо запрограммированное на неприятный финал. Выражаясь языком IT, Обесценивающий Родитель это не фича, а баг, выдающий себя за фичу.

Например, жертвы домашнего насилия вовсе не внезапно оказываются в травматологии или в убежище для пострадавших: иные годами живут, подвергаясь психологическому давлению, не умея или не решаясь реагировать на него адекватно. Они не знают, как защитить себя, остановить насилие, выстроить стратегию грамотного выхода из разрушительных или даже опасных отношений. Иными словами, они не ощущают себя достаточно ценными и сильными, чтобы адекватно противостоять, – в силу ведущей роли их собственного Обесценивающего Родителя, которому они бессознательно отдали весь контроль и который то и дело «нашёптывает» им что-то вроде «лучшего ты недостоин», «даже если попробуешь что-то изменить, ты не справишься», «останешься в одиночестве – и никому не будет до тебя дела».

И, раз уж мы говорим об обесцениваниях в родительски-детских отношениях и о том, как они предопределяют обесценивания в отношениях взрослых, важно понимать, чем отличаются отношения между взрослыми и отношения между детьми и родителями.

Отношения взрослых отличаются тем, что в норме основываются на договорённостях и свободе воли: каждый сам решает, с кем и как строить отношения. В отношениях же родителей и детей до определённого возраста есть симбиоз и нет добровольного контракта: т.к. у ребёнка ещё нет собственных достаточно сформированных эго-состояний Родитель и Взрослый и т.к. ребёнок не выбирает родителей, а родитель в идеале берёт на себя сохраняющую и заботливую функции, не договариваясь с ребёнком. Поэтому и задача выстраивания взаимодействия с ребёнком как с равным по ценности это задача родителя. Функциональная модель помогает сориентироваться и научиться опираться на свои три ресурсные (не блокированные серыми частями) эго-состояния и не прибегать к контра-продуктивным серым.

Нет родительских задач, которые нельзя выполнить без обесцениваний. Нет родительских задач, для выполнения которых обесценивание необходимо. Любую родительскую задачу можно решить только при помощи ценящих поглаживаний, т.е. из позиции Ценящего Родителя. Это правило справедливо и в рамках отношений «взрослый – взрослый», и в рамках детско-родительских отношений. Фраза типа «я на тебя накричал/тебя наказал для твоего же блага» – это оксюморон, она не имеет смысла. Если кто-то пытается оправдать свое обесценивающее отношение какой-то необходимостью, например необходимостью обезопасить ребенка, «отбив» у него интерес к электрическим розеткам, то он просто пока не нашел способа проявить свою заботу более адекватно.

Адекватная родительская забота подразумевает, что до определенного возраста ребенка его родитель заботится о недоступности розеток и прочих опасностей. И это вовсе не исключает того, что в любом возрасте ребенка родитель разговаривает с ним как с тем, кто достоин бережного и уважительного отношения, – только так ребенок развивает здоровое самоуважение и умение адекватно заботиться о себе.

В детском восприятии родители это всемогущие существа, наделенные возможностями и привилегиями, которых нет у детей. И все же каким-то образом эти существа иногда хватаются за ремень вместо того, чтобы прибегнуть к своему всемогуществу. Как возникает такой парадокс?

...Беата и Михаэль ссорятся из-за резко отли-

чающихся подходов к воспитанию ребенка. Их сыну 11 лет, и, как утверждает Беата, он «крайне неохотно учится».

— Я не разделяю оптимизма моего мужа по поводу самостоятельности сына. Не понукать его невозможно. Как только я начинаю меньше вмешиваться, его усердие сходит на нет. И меня бесит, что мой муж не поддерживает меня в этом. — *Беата энергично говорит тоном рассерженного завуча школы, а ее муж молчит с мрачным выражением лица.* — Ну, скажи что-нибудь! Опять я одна должна все проговаривать! Как всегда!

— *Я тебе уже все говорил, но ты же не хочешь меня слышать. Он и так справляется хорошо, я думаю, нужно просто оставить его в покое. Не давить и не принуждать. И все будет в порядке...*

— Вот только не надо делать из меня монстра! Как будто я тут — какой-то злобный маньяк контроля, а вы оба — такие хорошие и вам ничего не надо! Кто-то должен осуществлять контроль!

— *Может быть. Только не нужно было его бить — он еще всего лишь ребенок!* — *Муж Беаты внезапно взрывается и уже не говорит, а тоже кричит на нее, явно не выдержав долго копившихся раздражения и напряжения.*

Наконец прорывается то, о чем оба избегали говорить вслух: Беата грешит тем, что позволяет себе раздавать подзатыльники и сыну, и мужу, а недавно она отлупила сына ремнем — после того, как он поранил локоть, катаясь на скейтборде. Беата еще ни разу не попросила за это прощения ни у мужа, ни у сына. И тем отчаяннее она всякий раз пытается оправдать свое стремление «подтянуть успеваемость» сына, «отбить у него охоту» к скейту и вынудить мужа ей в этом помогать.

Наше насилие – это всегда манифестация нашего бессилия, демонстрация либо того, что мы не нашли (не захотели искать) ненасильственных способов решения задачи, либо того, что сама задача была поставлена неверно. Насилие говорит о том, что человек не верит в свою силу в лучшем ее проявлении – помогающую, вдохновляющую, созидающую, – силу любви. Насилие это не только акт обесценивания того, против кого оно применяется, но и симптом того, что сам применяющий насилие обесценивает свои возможности и ресурсы. Ведь если ресурсами не пользуются – их как будто и нет. И это манифестация того самого Обесценивающего Родителя, который «работает в обе стороны»: мы обесцениваем себя и обесцениваем объект нашего насилия.

Эмоции – неотъемлемая часть любой ситуации насилия. Часто родители оправдывают свое поведение тем, что их «спровоцировали», «вывели», «довели до белого каления» и т.д. Об ответственности за собственные эмоциональные реакции и о том, какие преимущества она дает, мы поговорим в Главе 12. А здесь лишь напомню: чем более полно осознаны вами ваши эмоции, тем легче вам ими управлять.

Беата из примера выше поначалу не могла признаться даже самой себе в том, что на самом деле ею часто управляет страх. Страх того, что ее сын может себя поранить или покалечить, что в школе он будет хуже кого-то. Страх, что она сама в глазах кого-то будет «недостаточно хорошей матерью». Ее неосознаваемый страх в стрессовой ситуации трансформировался в агрессию. У такого страха есть два серьезных побочных эффекта:

- **Регрессия родителя.** Мать не осознает свои эмоции и действует не как взрослый человек, а как напуганный маленький ребенок. Она пытается подавлять свой страх и подает агрессию как необходимость высшего порядка: пусть крайними мерами, но она пытается «уберечь» сына от опасности и наказать его во избежание повторения. Однако регрессия – это по определению поведение не из эго-состояния Взрослый. С таким родителем ребенок не может чувствовать себя по-настоящему защищенным.

- **Вытеснение эмоций ребенком.** Ребенок интуитивно ощущает родительский страх и попутно считывает и то, что родитель боится в нем признаться, как в чем-то заведомо неприемлемом, и поэтому и сам учится цензурировать и подавлять собственный страх, что делает его более подверженным манипуляциям и менее эффективным в общении.

Родители весьма часто склонны недооценивать способности ребенка понимать договоренности и соблюдать их условия. На самом деле даже самые маленькие дети заинтересованы в гармоничных отношениях с родителями и понимают, что для этого нужно, – конечно, если родители стремятся это адекватно донести и не вызывают у ребенка эмоций, препятствующих пониманию.

Ценящий родитель учитывает потребности ребенка и грамотно сопоставляет их с текущей ситуацией, то есть не требует и не ожидает от ребенка чего-то, на что ребенок не может быть способен в силу своего развития. Например, до определенного возраста ребенок не может оперировать такими абстрактными категориями, как «папе нужно на работу, чтобы содержать семью». Но он поймет, если ему ласково сказать:

«Папе нужно уйти по делам, и поэтому он пока не может поиграть с тобой, но когда он вернется, то обязательно поиграет». И разумеется, нужно при этом сдерживать свои обещания. Своим отношением мы формируем реакции ребенка, даже если в определенных ситуациях это неочевидно. Именно родители задают тон в отношениях, не дети.

...Пока Беата не осознавала и не признавала свой страх, она помимо воли то и дело срывалась на крик и подзатыльники, считая, что у нее нет других средств воздействия на сына и мужа. Каждый раз она ощущала себя слабой и бессильной. Когда же мы заключили соглашение о ненасилии и оба супруга исключили обесценивания из своего общения, то исчезла и сама необходимость в насилии. Тогда Беата смогла поговорить с сыном в совершенно ином ключе:

«Мне было очень страшно за тебя и из-за этого я ужасно злилась. Извини меня, пожалуйста».

Восстановление ее контакта с собственными эмоциями и искренняя просьба о прощении позволили ей вернуть ощущение личностной силы.

Отказываясь от обесцениваний, мы ставим чувства ребенка выше критериев, которым он якобы должен был бы соответствовать и тем самым становимся для него источником его собственной индивидуальной силы. Той силы, которая будет необходима ему в дальнейшем.

Каждый взрослый – во многом тоже ребенок, которому приходится справляться с вызовами взрослой жизни, к которым он иногда неготов. Уметь вести себя по-взрослому – значит осознавать свою небезупречность, не отрицая при этом свою силу. Быть взрослым – значит всегда уметь быть самому себе хорошим отцом и хорошей матерью. Особенно в сложных стрессовых ситуациях.

Многие родители не считают нужным или панически боятся попросить прощения за ошибку у своего ребенка. Ребенок интерпретирует это поведение родителей как сообщение о том, что его чувства для родителей не важны и что родителю важнее не утратить свои авторитет и контроль, чем подтвердить ребенку его ценность. Рано или поздно это компрометирует авторитет родителей в глазах ребенка, интуитивно считывающего родительские опасение и слабость. На самом деле искренняя просьба о прощении не может поколебать власть родителя, а лишь укрепит ее. Ведь это поступок психологически зрелого человека, осознающего собственную силу, а не обесценивающего ее.

7.1. «МАМА, Я ЗЛЮСЬ!» или РАСТИМ ЭМОЦИОНАЛЬНО-ГРАМОТНОГО РЕБЕНКА

Обесценивание детских эмоций родителями и коррекция последствий этого это довольно значимая часть психотерапии взрослых. Так происходит потому, что именно обесценивание родителями детских эмоций формирует сценарий, то есть наши некомфортные или даже деструктивные адаптации и компенсации. Поэтому давайте обратим особое внимание и на то, что именно мы, как родители, могли бы понимать и делать, чтобы наши дети росли свободными от сценарных ограничений.

Чуткость к ребенку и готовность его понять могут быть только там, где родитель ценит (не обесценивает) и сам себя – собственные эмоции, собственные потребности и возможные собственные уязвимости. О роли потребностей и взаимосвязи между потребностями и эмоциями говорилось в главах 1 и 3. Здесь же мы рассмотрим, как именно в родительско-детских отношениях это выглядит на практике.

Если вы хотите, чтобы ваш ребенок был счастлив, ваша задача как родителя в любой эмоциональной ситуации укладывается в четыре последовательных шага:

1. Помочь ребенку верно идентифицировать и назвать переживаемую им эмоцию
2. Помочь ребенку установить истинную причину его эмоции и потребность, стоящую за ней
3. Проявить понимание к возникшей эмоции и ее истинной причине
4. Помочь адекватно отреагировать эмоцию, восстановив душевный комфорт.

Причиной эмоции ребенка может быть чье-либо действие или высказывание и то, как ребенок их воспринял. Часто нам, взрослым, и причина, и особенности восприятия ребенка остаются неочевидными. В довербальной фазе ребенок еще не может выразить словами собственную злость или огорчение, поэтому задача родителя – наблюдать, правильно интерпретировать выражения лица и изменения настроения ребенка и адекватно общаться с ним об этом, проявляя понимание и давая утешение ребенку, если он расстроен или раздражен. Именно такое родительское реагирование в каждой эмоционально-сложной ситуации способствует нормальному психо-эмоциональному развитию ребенка и сохраняет гармоничный контакт между вами и ребенком. И именно так вы поможете ребенку развить и его эмоциональную грамотность и поспособствуете развитию его автономии и адаптивности, которые так необходимы во взрослой жизни.

В ранней вербальной фазе, когда ребенок только начинает говорить, самое время общаться с ним о его эмоциях, поощряя его выражать эмоции словами. Например, в таких случаях, когда маленький ребенок, уже умеющий разговаривать, прибегает к физическому насилию вместо того, чтобы сказать, что он переживает, т.е. когда он может стукнуть кулаком или бросить что-нибудь вместо того чтобы сказать. Такое часто происходит в той фазе развития, когда эго-состояния Взрослый и Родитель ребенка еще не достаточно развиты и его импульсы остаются неконтролируемыми. Ребенку намного проще и привычнее ударить или что-то бросить, чем говорить.

Независимо от того, причиняет ли такое поведение кому-то дискомфорт, это отличный повод сесть с ребенком рядом, чтобы визуальный и телесный контакт происходил на одном уровне, взять его за руку и спокойно спросить: «ты сердишься?». Затем нужно спросить, что именно спровоцировало эту реакцию, как это видит сам ребенок, внимательно послушать и дать ему соответствующий ситуации фидбек. Хорошо, когда фразы максимально понятны, безоценочны и описывают ваше состояние и сопереживание. К примеру:

«Да, это больно, я тебя понимаю».

«Сочувствую тебе, меня бы это тоже расстроило».

«Мне жаль, что так произошло – это очень неприятно / пугающе / огорчительно».

Важно помочь ребенку отделить эмоции от действий и показать, как можно выразить эмоции не действиями, а именно словами. Так вы поможете ребенку развить навык решать проблемы не через насилие или разрушение, а рассудочно, оставаясь в контакте со своими эмоциями.

Реагирование на эмоциональные переживания ребенка по принципу ценности способствует развитию у ребенка ощущения собственной ценности и силы, то есть способности адекватно влиять на обстоятельства, а не быть беспомощной жертвой обстоятельств. Напомню: действовать по принципу ценности означает действовать, исходя из равной ценности каждого человека независимо от возраста и т.д.. Всегда важно дать ребенку возможность отреагировать его эмоции так, чтобы они больше не доставляли дискомфорта ни ему самому, ни окружающим.

Только после этого имеет смысл поспособствовать восстановлению взаимопонимания и свободного от насилия общения, например, помочь ребенку попросить прощения у того, чьи чувства могли быть задеты его действиями и убедиться, что эта просьба понята и принята другой стороной конфликта.

Именно называние эмоций собственными именами в первую очередь самим родителем помогает ребенку правильно понять то, что с ним происходит и экологически отреагировать эмоции – без табуирования и формирования фиксаций, которые и составляют неокейность. Не менее важно и то, что ребенок таким образом усваивает как нечто нормальное и легитимность эмоций, то есть то, что нет «плохих» или «стыдных» эмоций, есть лишь неадекватные способы их выражения. В то же время ребенок учится понимать и эмоции окружающих, учитывать их, совершая действия, уметь о них спокойно разговаривать.

Очень важно уметь грамотно показывать и проговаривать ребенку и свои эмоции, а не только контейнировать эмоции ребенка. Родительство в целом это время сильных эмоций и будучи родителями, мы переживаем не только радость и эйфорию, но и порой злость, грусть и всевозможные опасения. Именно это делает для нас необходимым навык эмоциональной саморегуляции, который предполагает прежде всего аутентичность, то есть осознанность и настоящесть выражения эмоций. Родителю важно уметь выражать свои эмоции ребенку именно вербально, проговаривая, что он чувствует и по какой причине. И помнить при этом, что ребенок не должен «обслуживать» эмоциональные реакции родителя в ущерб собственным потребностям, потому что у взрослого человека гораздо больше ресурса для этого и он сам ответственен за свои эмоциональные реакции. Подробнее об этом будет в главе 12.

Нормотипичный ребенок очень быстро научается правильно понимать эмоции родителя и адекватно откликаться на них, например, сопереживать, если мама печалится или прекращать делать то, что маму рассердило. Такая взаимная чуткость это залог взаимопонимания и комфортной близости между ребенком и родителями и в будущем. Мешать же близости и комфорту могут попытки родителя инструментализировать эмоции. Это когда родитель предъявляет некую свою эмоцию и пытается тем самым сподвигнуть ребенка на некие действия или наоборот, помешать ему делать что-то, не выражая свои намерения или желания открыто. Манипулирование и злоупотребление своим статусом это всегда не про отношения двух равных по ценности людей.

Если ваш ребенок в соответствующих ситуациях может откровенно сказать вам «я злюсь», «мне страшно», «мне грустно», «мне стыдно» или «мне больно» и он приносит эти переживания именно вам, то вы уже внесли неоценимый вклад в ментальное здоровье вашего ребенка и в свою гармоничную близость с ним на годы вперед. Не позже, чем в подростковом возрасте ребенка вы неизбежно почувствуете на себе, удалось ли вам это на самом деле. Или поймете, что именно нужно скорректировать и как.

В следующей главе мы рассмотрим наиболее распространенные последствия неокейности и навязанного сценария в отношениях – так называемые силовые игры и эмоциональную зависимость, имеющую непосредственное отношение к ним.

Глава 8. СИЛА, УЯЗВИМОСТЬ И ЗЛОУПОТРЕБЛЕНИЯ СИЛОЙ

8.1. СИЛОВЫЕ ИГРЫ

Первое, что важно знать о силовых играх и манипулировании: они случаются только там, где в попытку силового взаимодействия удалось вовлечь объект манипулирования. Не вовлечется объект – никакой манипуляции не будет.

Под силовой игрой (англ. power play) понимается такое взаимодействие, при котором в выигрыше остаются не обе стороны, а лишь одна, которая за счет другой создает себе некие преимущества. Любое манипулирование вместо искренности и взаимовыгодных договоренностей относится к силовым играм.

По своей форме и степени деструктивности силовые игры могут быть очень разными – от неявных и почти безобидных до крайне разрушительных, связанных с грубым физическим насилием и нанесением ущерба здоровью. К. Штайнер систематизировал силовые игры в квадрант с двумерной системой координат, где одна ось выражает степень грубости игр, а другая – методы от физических до психологических (*Steiner & Perry, 1999; Steiner, 2009*). Отмеченные звездочками виды силовых игр я добавила в исходный квадрант для полноты картины (см. Рис. 8).

Чисто технически силовая игра – это манипуляция, цель которой – сподвигнуть человека делать то, что он не собирался, или помешать ему осуществить желаемое. Силовые игры бывают весьма изощренными и поначалу могут даже не доставлять дискомфорта проигравшей стороне, однако такие игры иногда оказываются не менее эффективными, если понимать под эффектом ту выгоду, которую извлекает для себя сторона «выигравшая».

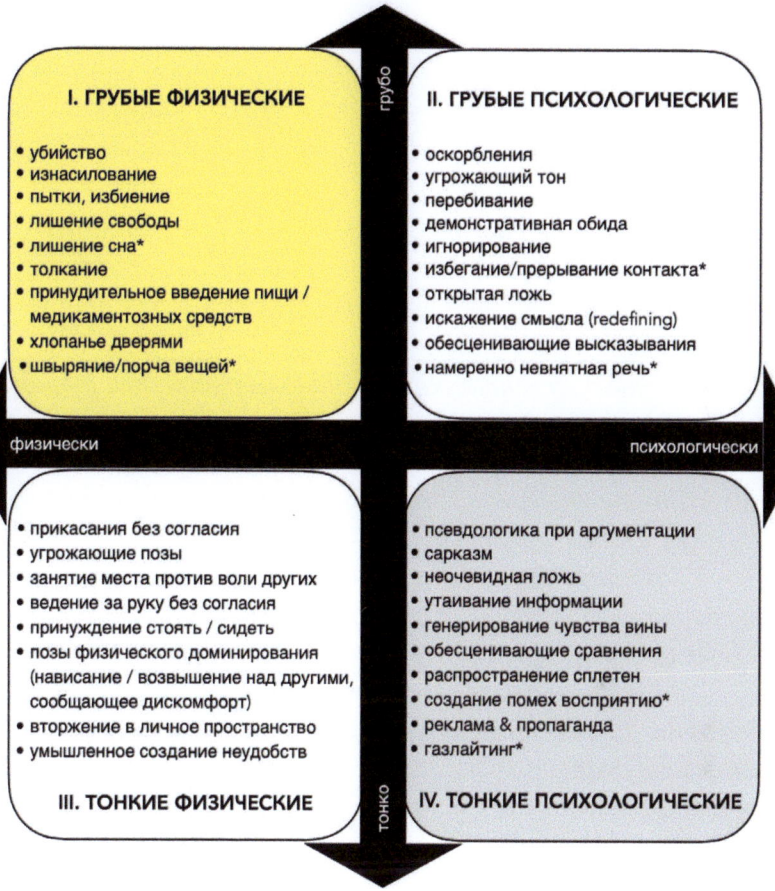

Рисунок 8. Квадрант силовых игр по Клоду Штайнеру

Рената обратилась ко мне с жалобами на нарушения сна, тревожные состояния и трудности с концентрацией. Ее психологический настрой и умение сосредоточиться особенно важны для нее сейчас, так как она работает на испытательном сроке в фирме, в которой очень хотела бы получить постоянное место.

---

* *звездочками на схеме отмечены дополнения автора.*

— С одной стороны, мне не о чем волноваться — владелец фирмы моей работой доволен. Но мой непосредственный начальник... Вроде бы ничего плохого и не делает, но я постоянно ощущаю напряжение и даже страх в его присутствии.

— Нарушения сна, тревожные состояния и трудности с концентрацией случались с Вами и раньше?

— Нет, никогда. Все это началось примерно три месяца назад.

— С того момента, как Вы начали работать в этой фирме?

— Да. Но... Я не связываю это с работой в фирме. Это было бы несправедливо по отношению к моим коллегам и самому владельцу фирмы...

— Расскажите мне о своем непосредственном начальнике. Что именно, связанное с ним, за последние дни вызвало в Вас эмоции?

— Да вроде ничего... Но... Вот позавчера он начал совещание еще до того, как все собрались. Я тоже выглядела опоздавшей, хотя, как обычно, пришла за две минуты до официального начала. Те, кто пришли еще позже, уже не могли услышать то, о чем речь шла до официального начала, и никто их так и не проинформировал... А на прошлой неделе он выслал циркуляр только части сотрудников и в силу того, что я новенькая, мне не сообщили о важных изменениях, из-за которых огромный кусок работы я делала впустую — ночами, чтобы успеть к сроку, потому что в рабочее время все это успеть невозможно. В общем, я постоянно боюсь, что упущу что-то или неправильно сделаю и буду за это отсеяна из пула претендентов на место...

— Да, ситуация непростая. Однако если Вас не информируют, то это и не Ваша ответственность, не так ли?

— Ну да... Я же не могу заранее знать, внесен или не внесен мой адрес в ту или иную важную рассылку.

— Именно. Ответственен тот, кто вносит или не вносит. А могли бы Вы повлиять на ситуацию вежливой просьбой информировать Вас так же, как и остальных? Ровно для того, чтобы Вы впредь не были бы вынуждены делать ошибки или лишнюю работу?

— Теоретически да. Просто я вижу, как все коллеги этого моего начальника побаиваются, избегают даже просто что-то уточнить по работе... Мне тут в курилке по секрету рассказали, что до меня уже шестеро на этой позиции дольше испытательного срока не продержались. А владелец фирмы полностью полагается на решение этого начальника отдела. Некоторые уходили уже с постоянных мест, не выдержав его невидимого прессинга...

То, что мы прорабатывали с Ренатой в ходе терапии, по большей части касалось не столько ее текущей ситуации, сколько анамнеза: жесткого и эмоционально отстраненного отца, с которым у Ренаты никогда не было диалога как у двух равных по ценности людей. Навык договариваться и адекватно отстаивать свои интересы Ренате пришлось осваивать практически с нуля, как и умение вовремя распознавать признаки силовых воздействий и не пытаться искать им мнимых оправданий. То, состоится ли силовая игра, зависит напрямую от того, как человек реагирует на первые ее признаки.

По моим наблюдениям, все случаи силовых игр объединяет один общий признак: мы вовлекаемся в них, когда не уверены в собственной ценности и личностной силе. Кто-то склонен впадать в роль жертвы или становиться реальной жертвой абьюза; кто-то сам прибегает к тонкому или грубому давлению и насилию, не найдя иных способов влиять. А кто-то пытается быть «идеальным опекуном» в ущерб своему благополучию, впадая в роль Спасателя, а потом, неминуемо, – Преследователя (подробнее о драматическом треугольнике С. Карпмана – чуть позже).

«Бьет значит любит», «Бог терпел и нам велел» – такие широко распространенные «единицы мудрости» являются инструментами обесценивания и оправдания насилия. Они вынуждают человека сомневаться в нормальности собственных чувств и своего желания быть объектом бережного и уважительного отношения. Эта искусственно внедренная неуверенность в собственной ценности делает человека более внушаемым и мешает ему действовать в интересах собственной безопасности и благополучия.

Силовые игры всегда сопровождаются эмоциями, но нам не всегда хватает осознанности, чтобы эти эмоции вовремя заметить и правильно расшифровать. Именно через эмоции манипулятор получает доступ к управлению мышлением и поведением объекта манипуляции, пытаясь вызвать в нем чувство вины, стыда, опасение или тревожность. Умение правильно понимать собственные эмоции и вовремя на них реагировать важно для того, чтобы не становиться объектом манипулирования.

В силовых играх эксплуатируется наша потребность в подтверждении ценности: жертва манипуляции попадается на этот «крючок» и совершает недобровольные действия, думая, что делает все добровольно. Когда нас обесценивает кто-то для нас значимый, в нас тут же активируется наш внутренний Обесценивающий Родитель и делает временно недоступной нашу рассудочность, то есть способность к критическому мышлению, проверке фактов, анализу поступающей информации и причинно-следственных связей между явлениями и их происхождением. Эти способности, составляющие наше эго-состояние Взрослый, в норме позволяют нам находить оптимальный выход из любой ситуации, в стрессовых же ситуациях они часто как бы недоступны. Еще силовая игра как бы выключает и эго-состояние Свободного Ребенка, подменяя его детской покорностью[8]. Так, предыдущий опыт общения с обесценивающими родительскими фигурами и послание «Ты не ОК» реактивируются в любой ситуации силовой игры. Это и есть вариант проживания сценария.

Помимо очевидных силовых игр, таких как открытые обесценивания, подавление и насилие, существует множество видов «тонких» силовых игр, которые нередко разворачиваются в контексте как личных, так и рабочих отношений. Перечислим и рассмотрим подробнее некоторые из них.

Переопределение (англ. redefining), или пере-формулирование (в просторечье – передергивание), – это искаженное воспроизведение некой информации. Смысл может быть передан почти точно, но минимальный элемент искажения может придать сообщению некий выгодный для манипулятора и невыгодный для объекта манипуляции акцент. Пример переопределения: высказывание «То есть ты считаешь, что я не справлюсь» в ответ на «Я обязательно помогу тебе, если ты не справишься». «У меня целый день плотно расписан, звони только вечером» превращается в «Ты не хочешь, чтобы я звонил(-а)». В изощренном виде переопределение как прием нередко применяется в адвокатской практике как намеренное смещение акцентов в высказываниях, влияющих на решение вопроса.

---

8   Прилагательное «адаптивный» в отношении эго-состояния Ребенок я заменяю на «покорный», так как адаптивность – важное и продуктивное качество взрослого, результат осознанного выбора. Покорность же – недобровольный и часто не осознаваемый отказ от своих потребностей и интересов, подчинение в ущерб себе.

Умалчивание (англ. omission) – недосказанность, утаивание частей информации. Недоинформирование, неполная правда это введение другого в заблуждение с целью и, стало быть, силовая игра. Умалчивание часто служит средством самозащиты, создания себе неких преимуществ и/или избегания нежелательных последствий.

Исключение (англ. exclusion) – искусственное отстранение/отлучение от некоего значимого ресурса. Пример: один из родителей, не советуясь со вторым, принимает решения, касающиеся ребенка. Значимый ресурс здесь – авторитет, статус и ценность родителя в глазах ребенка; за счет ослабления позиции второго родителя первый искусственно укрепляет свои власть и влияние.

Говорение о присутствующем в третьем лице. К этой уловке прибегают, когда путем обесценивания объекта стремятся склонить на свою сторону других участников коммуникации или очевидцев. В сочетании с пренебрежительной интонацией такой маневр отнюдь не способствует продуктивной дискуссии, так как создает иллюзию заведомой неравноценности сторон и задевает чувства.

Демонстративные жалобы, высказывание недовольства с целью побудить объект манипуляции на некое действие, вызвав в нем чувство жалости и вины. Это чувство вины может быть едва уловимым: «Если бы ты меня любила, то пошла бы мне навстречу…», «Ты бы уступил, если бы дорожил моими чувствами».

Инструментализация травмы или изображение жертвы с целью спровоцировать объект манипуляции на действия из роли Спасателя. Такую мнимую жертву отличает от истинной жертвы ее мотив использовать в своих целях того, кто ей сочувствует. Многие социопаты прибегают к этой форме силовой игры, зная «болевые точки» объектов своих манипуляций: эмпатичность, склонность к состраданию и самопожертвованию. «Крючком», на который попадается объект манипуляции, часто служит ощущение собственной силы и значимости, сопутствующее роли Спасателя. Это ощущение сообщает объекту манипулятор, изображающий жертву, и оно не просто льстит самолюбию объекта манипуляции, но и как бы «достраивает» его окейность. На такой крючок попадаются люди с хронически не удовлетворенной и при этом не осознаваемой потребностью в подтверждении ценности, не умеющие выстраивать отношения сотрудничества вместо спасания.

Превентивное обвинение это маневр под девизом «лучшая защита это нападение». «Не провоцируй меня!» — фразы, подобные этой преследуют цель заранее нейтрализовать «обвиняемого». После этого «обвиняемый» может действовать уже с оглядкой, т.е. не так, как планировал, или, опасаясь дальнейших обвинений, оставляет попытки действовать вовсе. Это также может вызвать у адресата и протест (действия из Бунтующего Дитя), и тогда из-за вспыхнувших эмоций он с еще большей силой уйдет в пассивно-агрессивный саботаж или вступит в конфронтацию. В любом случае вести конструктивный диалог после этого сложно.

Приписывание свойств, заведомо нелестных для адресата. Например, фраза «весь в отца», если отец считается однозначно отрицательным персонажем в семье, — это ничто иное, как попытка вызвать чувство замешательства, вины или неловкости и тем самым ограничить личностную эффективность манипулируемого. Даже если внешне ребенок похож на отца, он не может быть ответственным за его поступки. Такие непродуманные высказывания обесценивают все реальные свойства ребенка и создают в нем ощущение ложной ответственности за то, чего он не совершал, — ведь до определенного возраста ребенку не хватает его собственной рассудочности, чтобы проверить это замечание на адекватность и справедливость и грамотно отреагировать на него.

Газлайтинг (англ. gaslighting) – это серия манипуляций с целью побудить объект манипуляций засомневаться в собственной адекватности, спровоцировать в нем смятение, что позволит управлять его поведением. Название этого метода манипулирования идет от названия пьесы «Газовый свет», пережившей много постановок и экранизаций в США начиная с 1938 года. В пьесе показано спланированное и последовательное психологическое воздействие на жертву – жену главного героя пьесы. Муж переставляет мелкие предметы в доме и прячет вещи, постепенно внушая тем самым жене, что она теряет рассудок. Во времена ГДР агенты Штази (Stasi, Министерства государственной безопасности ГДР) проделывали похожие манипуляции в квартирах подозреваемых в «неблагонадежности» граждан ГДР, правозащитников и диссидентов.

Чайка-менеджмент (англ. seagull management) – стиль управления, при котором менеджер более высокого звена, появляясь без предупреждения, устраивает проверку или разгон и исчезает, оставляя после себя смятение и хаос, с которыми подчиненные должны разбираться сами, опасаясь впоследствии следующего «налета». Термин получил распространение в США после книги «Одноминутный менеджер» (*Blanchard & Johnson, 1982*): «Менеджеры-чайки прилетают, создают много шума, гадят и улетают». К такому стилю управления прибегает тот, кто не уверен в себе, ощущает себя недостаточно компетентным в конкретных вопросах бизнеса и потому избегает открытого диалога и сотрудничества.

Кстати, успешность и сама жизнеспособность компаний в наше время напрямую зависят от того, каков их стиль управления. Из-за их комфортного рабочего климата легендами финансовой успешности стали крупные предприятия, в которых руководство относится к работникам не как к нерадивым детям, а с искренним уважением – повышая субъективную ценность работников в их собственных глазах. По-настоящему окейный человек любит окружать себя именно окейными, то есть равными по ценности личностями, это и стимулирует инновационные идеи и привлекательный рабочий климат, что повышает продуктивность и лояльность предприятию. Поощрять новые идеи, решения и взаимное уважение может только шеф с выраженным Ценящим Родителем вместо Обесценивающего. Трансактным аналитикам в сфере организационного и бизнес-консультирования подход по принципу ценности обязательно даст дополнительные бонусы в работе.

8.2. ИГРАЯ И НЕ ВЫИГРЫВАЯ: ТРЕУГОЛЬНИК КАРПМАНА

...Карина работает медсестрой в большой клинике. У нее есть двое детей-подростков и муж, отношения с которым, по ее словам, «уже прошли все свои сложные фазы». Единственное ее беспокойство – отношения с матерью, в которых она себя чувствует крайне дискомфортно, но не знает, как могла бы на них повлиять.

– Она постоянно ждет, что я приеду по ее звонку, бросив все дела. Я так часто и делаю, в ущерб своим планам и отношениям с мужем. Мама раньше была против нашего брака и настраивала меня против мужа, чего он, конечно, ей забыть не может. Она для меня готовит, но я не люблю у нее есть. Да и часто мне просто не хватает на это времени – я много работаю. Но она не терпит отказов и не понимает, когда я говорю, что устала и хочу спать. Месяц назад по дороге с работы я на пару секунд уснула за рулем и чудом не слетела с автобана – это меня изрядно испугало. Меня злит, что я не могу сказать ей «нет». На прошлой неделе она меня так вывела, что я накричала на нее и ушла, громко хлопнув дверью. И теперь мне стыдно, что я была с ней так груба и бесцеремонна...

Я спросила Карину, знает ли мама о реальном положении дел – о том, как дочь себя чувствует после рабочей смены, как она уснула за рулем и чудом избежала аварии, и о том, что она иногда злится на маму.

– Нет, она не знает. Мне и в голову не пришло бы ей все это рассказывать. Я не могу ее расстраивать... Да она никогда и не спрашивала, как у меня дела и как я себя чувствую. *Она всегда была той, от кого эмпатии не дождешься.*

– А что вынуждает Вас брать все заботы о ней на себя, вопреки своим интересам? У нее же есть приходящая помощница.

– Просто так было всегда, потому что я старшая. Я должна была смотреть за младшими братьями, когда училась в школе, а родителям нужно было работать. Когда ушел папа и она осталась одна, мне было ее просто жалко...

– А насколько, по сравнению с ней, Вы жалеете себя?

– Я не знаю. Я вообще никогда не умела себя жалеть. А сейчас у меня уже просто нет сил...

Карина спасает, потом преследует, потом ощущает себя жертвой. Она не осознает, что такой несоразмерно дорогой ценой пытается получить от мамы подтверждение своей ценности. Такие взаимодействия из трех ролей, описанных Стивом Карпманом (см. Рис. 9), – это особый род силовых игр.

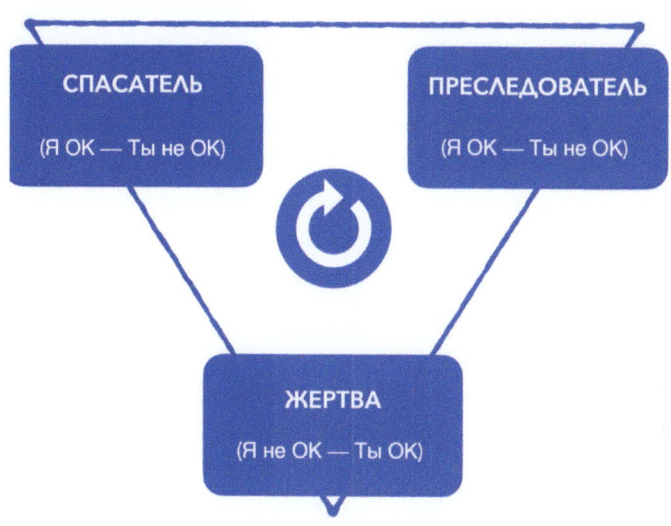

Рисунок 9. Драматический треугольник Стива Карпмана и жизненные позиции, стоящие за ролями

Если мы не выражаем свои намерения и желания открыто и искренне, то мы неосознанно играем роли. И это неизбежно ведет к неприятному финалу: вовлекаясь в одну из ролей, ты рано или поздно неминуемо побываешь и в каждой из двух других. На впадание в роль вместо искренности нас обрекают неосознаваемые нами обесценивающие тенденции, то есть неокейность. Так, позиция «Я не ОК – Ты ОК» стоит за ролью Жертвы, «Я ОК – Ты не ОК» – за позициями Спасателя и Преследователя.

Под спасанием понимается тенденция помогать кому-то больше, чем нам позволяют возможности, и/или помогать кому-то не добровольно, а из чувства вины или преследуя психологические выгоды, такие как получение одобрение или ощущение своей силы на фоне чьей-то слабости. Рано или поздно, когда ресурсы истощаются, а ожидания не оправдываются, происходит автоматическое переключение с роли Спасателя на роль Преследователя, в которой человеку кажется, что он вправе Жертву обвинять.

Спасание – это также и акт обесценивания спасаемого, ведь присутствующие у него ресурсы не учитываются и не принимаются всерьез Спасателем. Действия из роли Жертвы свидетельствуют об обесценивании собственных ресурсов и возможностей, например, в описанном выше случае Карина обесценивала свою способность спокойно попросить маму о том, чтобы та учла ее состояние и нужду в отдыхе.

Важно также осознавать, что проигрывание ролей треугольника может проходить сугубо в внутреннем режиме: человек может ощущать себя жертвой, а потом преследовать себя же за это – все это в силу самообесценивающих тенденций, т.е. неумения осознавать собственные ресурсы, которые помогли бы решать текущие задачи успешно.

В таблице ниже собраны признаки, по которым можно распознать каждую из ролей драматического треугольника, и антитезисы, позволяющие перестать наступать на те же грабли.

РОЛЬ	ВНУТРЕННЕЕ ВОСПРИЯТИЕ РОЛИ	ЭМОЦИОНАЛЬНЫЕ ПРИЗНАКИ РОЛИ	АНТИТЕЗИС – ОСВОБОЖДЕНИЕ ОТ РОЛИ
ЖЕРТВА	"Я не могу справиться с этим (в одиночку)"	Беспомощность, ступор, страх неудачи, пассивность, страх остаться в одиночестве и без поглаживаний	"Я могу найти ресурс и справиться самостоятельно, либо попросить о поддержке и договориться об адекватном вознаграждении"
СПАСАТЕЛЬ	"Я жертвую своими интересами, чтобы тебе помочь"	Тоска по признанию, опасение выглядеть нуждающимся в признании, страх не получить признание	"Я могу уточнить, нужна ли моя поддержка и помощь и если да, то в каком именно виде. На мне нет обязательства помогать в ущерб себе"
ПРЕСЛЕДОВАТЕЛЬ	"Мне пришлось жертвовать своими интересами, чтобы тебе помочь!"	Разочарованность, злость, горечь, гнев, ярость как реакция на субъективно переживаемую обесцененность	"Я несу ответственность за мои решения и действия. Я могу хорошо позаботиться о своих чувствах и своём комфорте"

Таблица 3. Признаки ролей драматического треугольника и освобождающие антитезисы к ним

Для того чтобы вместо игр с неприятным итогом строить гармоничные и искренние отношения, необходимы два базовых осознания:
1. Нужно осознавать, из какой позиции вы ведете коммуникацию. Если из неокейной, то попытайтесь руководить взаимодействием по формуле «Я ОК – Ты ОК», обращаясь с другим как с равным по ценности, достойным человеком. Обоюдная окейность подразумевает уверенность в том, что каждый взрослый человек способен справляться с жизненными задачами самостоятельно и если он ничего не меняет в своем нынешнем положении, значит, это либо его решение, либо он пока не готов к изменениям. И то, и другое можно принять как есть, не пытаясь «причинять добро».
2. Нужно осознавать, что каждая из трех ролей драматического треугольника основана на самообмане. Поскольку на самом деле:

- **Преследователь** сердится на Жертву лишь потому, что перед этим он был в роли Спасателя, а Жертва не оправдала его ожиданий;
- **Спасатель** никого на самом деле не спасает, и иногда он даже бессознательно заинтересован в беспомощности Жертвы как в источнике подтверждения собственной значимости / влиянии / ценности;
- **Жертва** не нуждается в спасении / имеет собственные ресурсы / в состоянии адекватно обратиться за поддержкой из позиции «Я ОК – Ты ОК», взяв на себя ответственность за это обращение и договорившись о вознаграждении за поддержку.

Умение адекватно заботиться о себе, искренность и окейность являются противоположностью проигрыванию ролей. Чем меньше неискренности в отношениях, тем меньше в них негативных эмоциональных переживаний.

Итак, для того чтобы научиться не ввязываться в силовые игры, необходимо развить в себе чувствительность к психологическому давлению и умение доверять своим чувствам, т.е. не подавлять их, а грамотно и своевременно идентифицировать. Легкая необъяснимая тревожность, замешательство, смутное чувство виноватости или неловкости, «беспричинное» беспокойство – это уже важные маркеры, на которые следует обратить внимание, после чего ответить самому себе на вопрос: «Что именно вызвало во мне эту эмоцию?»

Кроме того, вашу неуязвимость для манипуляций определяют четыре необходимые для этого базовые разрешения по трем пунктам. Попробуйте дать их себе и ощутить себя внутренне уверенными в каждой из формулировок:

Окейность: «Я ОК и мне не нужно делать то, что противоречит моим интересам и потребностям или доставляет мне дискомфорт в отношениях».

Осознанность: «Я осознаю, что со мной происходит, и самостоятельно принимаю решения, что и как будет со мной происходить и как я буду влиять на происходящее».

Ответственность: «Я несу ответственность за свои решения, свои поступки и за то, что со мной происходит. Поэтому я вовлекаюсь только в отношения, на которые могу влиять. Если что-то все же пошло не так, как мне хотелось, я ищу адекватные способы исправить это».

Искренность: «Я хочу комфортных отношений и могу честно и открыто озвучивать свои пожелания и намерения и выражать свои представления, чтобы они были учтены другими».

Фото 1. Лена Корнеева и Стив Карпман, Берлин, 2017

Напоследок поделюсь метафорой, потому что многим язык метафор помогает легче сформулировать для себя новые Решения и Разрешения.

Представьте, что у вас есть неистощимый объем денег. Вы находитесь на роскошном рынке, полном вкусных и свежих продуктов, но при этом идете вдоль рядов и выбираете только самые недорогие и самые скромные из них. Вы делаете это потому, что не умеете расточительствовать, ведь в вашей родительской семье это было не принято и вам негде было научиться жить на широкую ногу. Сейчас ни ваши родители, ни кто иной уже не имеет власти над вами и не может помешать вам самостоятельно распоряжаться вашим неистощимым ресурсом, вы можете без ущерба для бюджета выбирать лучшее и наслаждаться им. Но вам привычнее ситуация дискомфорта, вам кажется, что так привычнее и «безопаснее». Следовать этой привычке это действовать не из Взрослого, а из Покорного Ребенка, вынуждая при этом своего Свободного Ребенка страдать, т.е. игнорируя свои истинные потребности… Самое время отнять бразды правления у Обесценивающего Родителя и напоминать себе почаще из Ценящего: «я действительно заслуживаю самое лучшее и только я решаю, что мне есть — изысканные деликатесы или просрочку, с кем и как мне выстраивать отношения. Я разрешаю себе пользоваться моим взрослым ресурсом, я имею право желать счастья и комфорта».

Люди, играющие в силовые игры, привыкли полагаться на манипуляции и знакомые им приемы, потому что просто не верят в то, что желаемое можно получить и без них, если осознанно пользоваться имеющимися у них индивидуальной силой, свободой, ответственностью, окейностью и искренностью вместо манипуляций.

8.3. ЭМОЦИОНАЛЬНАЯ ЗАВИСИМОСТЬ

— Восемь месяцев назад я и мой бывший расстались. Мы поддерживаем контакт в соцсетях, но больше по моей инициативе… Вроде бы я понимаю, что мне нужно идти дальше, ведь жизнь продолжается, да и мужским вниманием я не обделена, но…

Беттина проговаривает все это с улыбкой на лице, как если бы это была забавная история. Тут улыбка резко исчезает с ее лица, и ей становится трудно говорить.

— ...Я полностью осознаю, что эти отношения мне только во вред, но эта зацикленность просто сильнее меня...

Беттина начинает неслышно плакать и продолжает, борясь со спазмом в горле:

— Собственно, это и не отношения вовсе. Он мне тогда сказал, что я «не его тип» и что для нас обоих будет только лучше, если каждый пойдет своей дорогой. Я поначалу себе тоже так говорила, но время проходит, а я не могу не думать о нем. Каждый его ответ на мое сообщение снова воскрешает во мне какую-то надежду... Я словно сверяю с ним всю мою жизнь и каждое мое решение. И это не нормально. Но есть в нем что-то такое, что меня к нему тянет. Никто и никогда не лишал меня сна и покоя, как этот человек.

Запрос на выход из эмоциональной зависимости в психотерапии не так уж редок. Сильное беспокойство и потеря сна, тревожность и раздражительность, сменяющиеся приступами бурной эйфории и неуемной энергии или даже маниакальности, когда предмет привязанности вдруг отвечает на электронное письмо или ставит лайк в социальной сети, — все это сопровождает эмоциональную зависимость и иногда весьма осложняет и запутывает жизнь. А главное — не оставляет никакого шанса состояться новым, настоящим отношениям.

Когда один любит, а второй лишь позволяет себя любить — это больно. Когда второй обещает любить, но при этом не сдерживает обещание — это мука. Когда второй отвергает любовь первого — это драма. И тем сильнее может становиться зависимость первого человека от второго.

«Хорошие девочки любят плохих парней» – так тенденция привязываться к обесценивающим кандидатам в партнеры отражена в фольклоре. Если «хороший человек» ощущает притяжение к «плохому», т.е. к тому, кто заведомо дает понять, что не будет обращаться с ним бережно и дорожить его чувствами, – то это перепроживание сформировавшейся когда-то ранее привязанности к некой обесценивающей фигуре. Именно надежда на то, что эта фигура все-таки оценит нас по достоинству, делает ее притягательной и сверхценной. При этом рядом с вами могут быть искренне ценящие нас люди, но вам не ценно их отношение, потому что его не приходится добиваться. И чрезвычайно желанным становится получение признания со стороны того, кто вами пренебрегает – умышленно ли, чтобы доставить вам боль, или даже по незнанию, без каких-либо недобрых намерений.

Иногда попавший в зависимость склонен иронизировать над предметом своей зависимости, и такая ирония приносит ему краткое облегчение, потому что снимает внутреннее напряжение. Но в целом все это не делает человека ни менее зависимым, ни менее эмоционально лабильным, а значит, не решает проблемы.

Порой любовные обсессии заканчиваются даже трагично, и не снискавший взаимности в отчаянии причиняет непоправимый вред объекту любви или самому себе. Как же предотвратить эти терзания?

Для того чтобы что-то починить, надо знать, как оно работает. Чтобы вернуть душевное равновесие и автономию, нужно понять, что приводит к их дефициту.

За эмоциональной зависимостью, как правило, стоит целый комплекс самообесцениваний, которые могут быть весьма рафинированными и потому воспринимаются человеком как «нормальность», или некая «необходимость» более высокого порядка, или «уникальность» ситуации... Как же распознать эти самообесценивания?

Для начала определите, сколько из шести признаков самообесценивания есть у вас:
- У меня есть склонность к самокритике, при этом меня ранит критика со стороны.
- У меня есть склонность искать и находить в себе недостатки и изъяны.
- Жесткость и требовательность к себе полезны, потому что стимулируют развиваться и самосовершенствоваться.
- Я не прощаю себе ошибок и неудач, застреваю на них и занимаюсь самоедством.
- Мне кажется, что другие могут лучше, больше, быстрее, выше, сильнее, поэтому и мне надо не отставать.
- Мне хочется выдерживать конкуренцию с другими и поэтому надо прилагать к этому массу усилий.

Если вы узнали в этих высказываниях себя, то вы в группе риска. Вы можете подумать: «А как же самосовершенствование? И конкуренция, которая не дремлет? И вообще, тот, кто доволен собой, умер для творчества / успехов / движения вперед!» Это типичная ментальная ловушка и попасть в нее очень легко. Потому что не всякий понимает разницу между тем, что здоровым образом стимулирует нас развиваться и самосовершенствоваться, и тем, что является обесцениванием: вроде бы «пришпоривает», но, по сути, делает лишь слабее и уязвимее, в том числе для различных зависимостей.

Показать, где пролегает эта граница, можно на примере скрытых или явных родительских посланий, которые все мы усваиваем с детства. Именно они составляют основу нашего самовосприятия. Рассмотрим два высказывания:

«Ты не справишься; другие справляются лучше».

«Ты справишься, и это будет здорово, вот увидишь. А если не справишься в этот раз, то справишься в другой».

В первом высказывании заключено послание «Ты не ОК», оно делает акцент на ценности или даже сверхценности того, с чем якобы нужно непременно справиться; тогда как во втором заключено послание «Ты ОК», оно подтверждает ценность того, кому предстоит справиться с задачей, и при этом не придает сверхценности задаче.

Первое высказывание вызывает в нас внутреннее напряжение, возможно, страх (провалиться, опозориться на глазах у всех или разочаровать близких). Это «топливо», конечно, тоже может работать на результат, подстегивая нас, но побочные эффекты такого стимула слишком ощутимы, особенно в долгосрочной перспективе. Второе же послание не вызывает внутреннего конфликта, который сам по себе всегда очень затратен в плане психической энергии.

Первое послание заставляет оглядываться на мнение и оценку других. Второе – развивает и поддерживает способность быть авторитетом для самого себя, то есть не измерять степень своей успешности мерой успешности других или их одобрением. В конце концов, каждый может быть победителем – если он не соревнуется с другими, а сам определяет критерии своей успешности.

При адекватном, необесценивающем отношении к себе внутренней пружиной для развития является сомнение не в себе, а в каких-то конкретных компетенциях, которые, как известно, дело наживное. То есть не «я не смогу», а «я этого пока не могу, но научусь». Мотивацию, построенную на обесценивании, от страсти к развитию отличают эмоции: человек либо способен получать удовольствие и от самой деятельности, и от достигнутого, либо неспособен на это и вечно требует от себя чего-то большего.

Человек, который находится в эмоциональной зависимости от другого, считает этого другого важным источником подтверждения своей ценности, отказываясь быть этим источником для себя самого. В таких отношениях индивидуальная склонность к самообесцениванию просто реактивируется и эксплуатируется: предмету привязанности присваиваются некие атрибуты сверхценности, в то время как себе, в сравнении с ним приписывается их недостаток. Наличествующие же атрибуты и качества обесцениваются, видятся как менее значимые и интересные.

Иногда бывает так, что тот, чьей благосклонности пришлось добиваться, все-таки отвечает взаимностью, и… все. Очарование испаряется, как туман перед рассветом. Это означает, что основной пружиной этой идеализации было именно отвержение, то есть искусственно создаваемая этим отвержением сверхценность объекта зависимости. Как только идеал становится доступным, он тут же теряет черты своей мнимой сверхценности, и зависимому уже кажется, что от кумира осталась лишь позолота на его пальцах.

Уверенность и адекватное отношение к себе – признаки знания о собственной безусловной ценности. Это то, что делает человека притягательным и привлекательным в глазах других. Предмет зависимости часто воспринимается как носитель того, чего нет или недостаточно у очарованного, именно потому, что самому зависимому недостает ощущения его собственной безусловной ценности.

Если формула взаимной любви – это «подтверждение ценности + подтверждение ценности», то формула эмоциональной зависимости – это «обесценивание + самообесценивание». Ибо если в романтических отношениях один из партнеров не ценит другого так, как тот хочет, то это отношения, построенные на обесценивании. Обесценивание ранит чувства именно потому, что идет вразрез с нашей потребностью в подтверждении ценности. И если это так, то не имеет смысла обманывать себя и принимать такое отношение за обещание любви.

Вам не грозит эмоциональная зависимость, если вы:
- Не ищете иных источников подтверждения собственной ценности нигде, кроме как в себе самом.
- Не склонны сравнивать себя с другими.
- Являетесь для себя главным авторитетом по важным жизненным вопросам. А по узким можно всегда обратиться к узким специалистам.
- Можете сказать с легким сердцем: «Если кто-то меня недостаточно ценит, то ему не обязательно быть в моей жизни и это правильно».

Конечно, одного только рассудочного понимания механизма зависимости не всегда достаточно для того, чтобы сразу освободиться от нее: необходим еще и новый эмоциональный опыт. Дело в том, что в мозге эмоционально зависимого человека возникает дофаминовый ответ в тех ситуациях, когда объект идеализации проявляет благосклонность или хотя бы дает некие обещания благосклонности. Ситуации же отвержения вызывают у зависимого своего рода абстиненцию, недостаток дофамина и дисфорию, то есть пониженное настроение, но при этом и некую надежду (ту самую «пружину») на то, что в один прекрасный момент все будет хорошо. Поэтому важно научиться получать удовольствие от поглаживаний из других источников, то есть не обесценивать эти другие источники, а ценить их.

Следующая таблица содержит уже упоминавшиеся тезисы самообесцениваний, а также соответствующие каждому из них разрешения-антитезисы. Их можно использовать для проработки этой темы и развития адекватного отношения к себе. Можно поместить эту таблицу на видном месте, чтобы регулярно сверяться с ней и заменять свои самообесценивающие тенденции адекватным отношением к себе.

ФОРМЫ САМООБЕСЦЕНИВАНИЯ	АНТИТЕЗИСЫ: ФОРМЫ ЦЕНЯЩЕГО ОТНОШЕНИЯ К СЕБЕ
У меня есть склонность к самокритике, при этом меня ранит критика со стороны	Самокритика полезна только если она не подрывает веру в себя; критика со стороны имеет смысл только если она не обесценивает
У меня есть склонность искать и находить в себе недостатки и изъяны	Если мои недостатки никому не вредят, не имеет смысла делать из них проблему
Жесткость и требовательность к себе полезны, потому что стимулируют развиваться и самосовершенствоваться	Настоящему развитию способствуют только пытливость, внутренняя свобода, стремление к познанию и росту
Я не прощаю себе ошибок и неудач, застреваю на них и занимаюсь самоедством	Все люди совершают ошибки. Я могу грамотно попросить прощения и отпустить
Мне кажется, что другие могут лучше, больше, быстрее, выше, сильнее, поэтому и мне надо не отставать	У других другие обстоятельства и сравнивать себя с другими не имеет смысла. У меня мои масштабы и мои цели
Мне хочется выдерживать конкуренцию с другими и поэтому надо прилагать к этому массу усилий	Мне важнее испытывать удовольствие от того, чем я занимаюсь, чем прилагать массу усилий. Я делаю то, что интересно и нужно мне

Таблица 4. Самообесценивания и антитезисы к ним

Целительным может стать проживание нового опыта ощущения собственной ценности в терапевтической группе. Мы все существа социальные и строительным материалом для нашей идентичности и ценности служит реальный опыт соприкосновения с другими, с их отношением к нам. Даже если вы интроверт или особенно если вы интроверт.

Именно для такого опыта и существуют группы тренинга эмоциональной грамотности, которые провожу, в частности, и я как сертифицированный тренер. Нет ничего более насыщающего эндорфинами, чем среда, в которой ты ощущаешь, как другие тебя принимают, уважают, любят и симпатизируют тебе, потому что и они в этой особой среде ощущают собственную ценность. Именно в группе можно научиться открывать сердце, например, искренне обмениваться желаемыми поглаживаниями и отклонять нежелаемые, т.е. усваивать новые Разрешения вместо того, чтобы слепо следовать усвоенным когда-то сценарным запретам. Это и есть роскошь поступать только добровольно и при этом оставаться бережным с собой и с другими. Моя же забота как тренера – следить за безопасностью, не упуская из виду, что в случае чего мой Ценящий Родитель окажется сильнее, чем Обесценивающие Родители участников группы. Именно это позволяет руководить процессами, как я говорю, «sanft aber fest» – «мягко, но твердо».

Глава 9. САМАЯ БОЛЬШАЯ УЯЗВИМОСТЬ ВЗРОСЛОГО

Комфортный климат в семье, как добротный дом, имеет четыре важные опоры. Этот прочный фундамент (см. Рис. 10) не оставляет места дискомфорту в отношениях, потому что обеспечивает взаимодействие здесь на взаимовыгодных условиях и позволяет каждому ощущать себя воспринятым на равных – защищенным, услышанным, принятым и ценным для других членов семьи.

Рисунок 10. Фундамент комфортного климата в семье

Проверьте, присутствуют ли в вашем «домике» отношений все четыре необходимые опоры и не «покосился» ли он с той или иной стороны – возможно, пришло время проанализировать и укрепить ослабевшие опоры с помощью чуткого и опытного специалиста.

Как правило, в свои взрослые отношения мы привносим шаблоны взаимодействия из своей родительской семьи, даже когда мы осознанно стремимся сделать все иначе – так и реализуется сценарий, если мы его не анализируем и не осознаем. К сожалению, многие из сценарных шаблонов мешают выстраиванию надежных и гармоничных отношений. Давайте рассмотрим, что нужно учитывать, чтобы создать комфортные отношения в паре.

Прозвучит как парадокс, но в отношениях взрослых очень важен Родитель, то есть то, как он проявлен в ваших повседневных взаимодействиях. Прокачанный Ценящий Родитель позволяет поддерживать грамотный самоконтроль и заботу о собственных потребностях и интересах. А тот, кто умеет адекватно позаботиться о себе, способен при необходимости позаботиться и о других, при этом не выгорая, не злясь и не отстраняясь. Именно сильный Ценящий Родитель помогает реализовать нам свой интерес и отстоять свою позицию без обесцениваний и агрессии, которые влекут за собой только ответные обесценивания и агрессию.

В процессе работы с парами я многократно убеждалась в том, что выраженный Обесценивающий Родитель и недостаточный Ценящий Родитель неизбежно заводят в тупик и коммуникацию, и отношения в целом, и при этом партнеры остаются рассерженными, огорченными или растерянными. В случае с Мартиной и Томасом, описанном в Главе 4, им обоим не хватило именно Ценящего Родителя, который «руководил бы» отношениями с должной бережностью и чуткостью.

Отсюда вытекают две важнейшие задачи партнеров в отношениях: первая – научиться отличать обесценивающие формы взаимодействия от ценящих – и вторая – научиться взаимодействовать без обесцениваний даже в конфликте. Для этого необходимо сместить акцент на выражение чувств, просьб и пожеланий, вместо того чтобы прибегать к упрекам, обвинениям и принуждению.

В таблице ниже собраны глаголы, отражающие действия, через которые проявляются эго-состояния Обесценивающий Родитель и Ценящий Родитель. Такое наглядное противопоставление обесцениваний и подтверждений ценности позволяет не запутаться и не дать запутать себя тому, кто, якобы «желая добра», причиняет дискомфорт. Если забота содержит в себе элемент обесценивания – значит, это не забота, а спасание, за которым неизбежно последует преследование.

ОБЕСЦЕНИВАЮЩИЙ РОДИТЕЛЬ (скрытое послание «Ты не ОК»)	ЦЕНЯЩИЙ РОДИТЕЛЬ (скрытое послание «Ты ОК»)
скупится на похвалу	охотно и искренне хвалит
игнорирует	реагирует отзывчиво
унижает	уважает
проявляет бестактность	проявляет чуткость
обходится жестко	обходится ласково
эмоционально отстраняется	сочувствует, проявляет эмпатию
проявляет холодность	проявляет теплоту
пренебрегает	заботится
разрушает	сохраняет
скрывает собственные чувства	искренне выражает чувства
задевает, ранит чувства	бережно относится к чувствам
вынуждает „заслуживать" любовь	любит без условий
ищет недостатки	замечает достоинства
отвергает	принимает
ограничивает	разрешает
деморализует	вдохновляет
угрожает, запугивает	стремится обезопасить
отказывает в поддержке	утешает, поддерживает
вселяет сомнения в себе	укрепляет твою веру в себя
внушает чувство вины	прощает, принимает
избегает близости	не отказывает в близости
подавляет	поощряет
нарушает личностные границы	уважает личностные границы
избегает ответственности	несет ответственность

Таблица 5. Сравнительный анализ поведенческих паттернов Обесценивающего Родителя и Ценящего Родителя.

Таблицу можно использовать в виде карточек (на каждой карточке – одно определение из списка). В своей работе я опираюсь именно на глаголы, а не на прилагательные, ибо прилагательные оставляют больше пространства для субъективных интерпретаций, тогда как глаголы описывают объективно наблюдаемые действия. В тренинговых группах я обычно перемешиваю все карточки и предлагаю участникам составить 24 пары-антипода, сверить их с таблицей и обменяться своими мыслями и опытом, связанным с теми или иными формами обесцениваний.

Самым надежным маркером при различении ценящих и обесценивающих поглаживаний является именно отношение к чувствам ближнего: это то, насколько партнер заботится о ваших чувствах и интересуется ли вообще тем, какой эмоциональный отклик вызывают в вас его слова или действия. Если он заботится и интересуется, то вы для него ценны. И наоборот.

Например, если после того, как вы сообщили партнеру о том, что его поведение причиняет вам дискомфорт, он продолжает вести себя так и дальше, это является серьезным симптомом неблагополучия. Абьюз и иные формы злоупотребления терпением важно вовремя замечать и грамотно о них коммуницировать. Попытки оправдывать нечуткость это лишь форма самообмана и соучастия в причинении вреда самому себе.

Для развития осознанности, автономии и гармонизации отношений необходимо полностью вытеснить Обесценивающего Родителя из внутреннего диалога и из коммуникации с другими, заменив его Ценящим Родителем, то есть адекватным отношением к себе и другим. Покорный Ребенок как второе нересурсное эго-состояние наряду с Обесценивающим Родителем – это, по сути, синоним отказа от удовлетворения естественных потребностей в угоду Обесценивающему Родителю. Оно противоположно состоянию Свободного Ребенка, которое, в частности, является воплощением наших потребностей и в частности нашей потребности в подтверждении ценности, то есть в любви, признании и уважении.

Чтобы вовремя распознать обесценивание и адекватно отреагировать на него, важно определить, из какого эго-состояния коммуникация ведется в настоящий момент. Так, Взрослый и Ценящий Родитель отличаются друг от друга функциями: Взрослый это сухая рассудочность, исследование причинно-следственных связей, просчитывание вариантов решения текущей задачи и выбор из них наиболее оптимального. А Ценящий Родитель это уровень оценок и разрешений, то есть проверка на этичность и приемлемость в данном социальном контексте тех или иных решений. И, разумеется, уровень разрешения на наиболее оптимальную форму заботы о себе в данных обстоятельствах.

Обесценивающее поглаживание может спровоцировать в собеседнике так называемую «атаку самообесценивания» (англ. Pig-Parent attack), за которой последует целый каскад новых обесцениваний и самобеценеваний в коммуникации и отношениях в целом. Бывает так, что поглаживание вовсе не подразумевалось как обесценивающее, но воспринимается таковым в силу нересурсного состояния получателя поглаживания. И важно отреагировать на него не из Обесценивающего, а из Ценящего Родителя.

Оливер и Клара переживают непростые времена с момента смерти отца Клары год назад. Теперь к боли утраты прибавилось то, что мать Клары то и дело пытается вовлечь ее в созависимые отношения, вызывая в ней чувство вины за то, что она «бросила мать в трудный момент». Кларе необходимо показывать высокие ре-

зультаты на работе, так как ей доверили руководство большим отделом: она у всех на виду, и от нее ждут успехов. Все это для Клары – настоящий стресс-тест, который она боится не выдержать. Внутреннее напряжение Клары сказывается на отношениях с мужем.

В рамках сессии на очередное высказывание Оливера Клара неожиданно раздраженно парирует:

– Опять ты меня поучаешь! Не надо меня поучать! Меня триггерит от твоего менторского тона!

– Я не поучаю, просто хотел поделиться с тобой своим опытом, чтобы ты не повторила моих ошибок. Я знаю, что ты чувствуешь, и делаю это исключительно из добрых побуждений… – Оливер растерян и уязвлен. Он не ожидал, что натолкнется на агрессию и отвержение со стороны жены и знает, что не заслужил их.

Сама не осознавая этого, в этот момент Клара перенесла на Оливера свои отношения с матерью и начала реагировать на его попытки ее поддержать так, как если бы он делал это с намерением ее контролировать. На самом деле это было лишь внешнее проявление ее собственной атаки самообесценивания, вербализовать которую она чуть позже смогла так: «Я ничтожество», «Это я во всем виновата», «Никто меня не любит», «Я с этим не справлюсь», «Это уже ничем не исправить». Это были те послания, которые Клара восприняла в рамках коммуникации с матерью все последние месяцы. А мать, в свою очередь, лишь пыталась влиять на дочь, ощущая свое бессилие в попытках сохранить ее привязанность.

Человек, переживающий атаку самообесценивания, может в любом поглаживании увидеть обесценивание, тогда как в иной ситуации он воспринял бы это поглаживание абсолютно спокойно, как нейтральное или даже желаемое. Оливер хотел проявить участие, но

Клара услышала в его высказываниях обесценивание ее способности справиться с ситуацией и недостаточно чуткое отношение к ее чувствам.

Когда я предложила поисследовать мотивы реакции Клары, мы обнаружили, что у нее было по отношению к Оливеру скрытое ожидание: она ждала, что он проявит своего Ценящего Родителя и что тот окажется «сильнее» ее собственного Обесценивающего Родителя, вызывавшего в ней тревожность, ощущение безнадежности и собственного бессилия. Если бы не ее атака самообесценивания, то, как взрослый человек, Клара могла бы напрямую попросить мужа о желаемом поглаживании, например, так: «Знаешь, на самом деле мне хочется от тебя поддержки и утешения, но не словами. Просто обними меня, погладь по голове – и я почувствую, что ты со мной и понимаешь меня».

Атака самообесценивания всегда как бы отключает Взрослого, отстраняя его от управления происходящим, и блокирует доступ к Свободному Ребенку, то есть человек больше не осознает, какие потребности для него сейчас актуальны. Таким образом, контроль остается только у Обесценивающего Родителя, что делает человека неэффективным в коммуникации и деструктивным по отношению и к себе, и к собеседнику.

Оливер, в свою очередь, тоже пережил атаку самообесценивания в момент агрессивного выпада Клары и поначалу был обескуражен. Но, осознав это и включив своего Ценящего Родителя, он смог спокойно взять ее за руку и сказать: «Извини, если я выбрал неверный тон. Я понимаю, что тебе тяжело».

Как в приватных, так и в формальных или рабочих отношениях между взрослыми атаки самообесценивания – не редкость. И именно сильный внутренний Ценящий Родитель нам в такие моменты крайне необходим:

он «разрешает» позаботиться адекватно о себе самостоятельно или попросить о поддержке или помощи другого. Обесценивающий Родитель такого разрешения не даст, а, наоборот, как бы «обоснует», почему нужно «быть сильным», «обходиться самому», «ни на кого не надеяться», «никого не обременять». Обесценивающий Родитель заводит нас в «токсичные», созависимые отношения, манипуляции и неискренность.

К сожалению, даже в рамках длительной психотерапии полностью стереть из памяти все когда-то усвоенные обесценивающие шаблоны мышления и поведения сложно или невозможно. Но и не это главная цель работы. Вполне достаточно научиться вовремя замечать их в себе и осознанно менять – на аутентичность и зрелость, то есть на свободу выбора, на самостоятельность мышления и действий. Если в детстве родители били вас за то, что вы тянули пальцы в розетку, вы вовсе не обязаны повторять то же самое со своим ребенком. Помня о том, что происходило с вами, но «включая» своих Взрослого и Ценящего Родителя, вы обязательно найдете адекватные способы бережно заботиться о себе и о своих близких.

С точки зрения нейрофизиологии передать полное руководство Ценящему Родителю, отстранив от контроля Обесценивающего это как переустановить сразу несколько важных для общего функционирования программ на компьютере. Наши нейронные связи в мозге формируются в процессе общения с родительскими фигурами и во взрослой жизни работают как привычные реакции на похожие стимулы. Они запускаются и работают автоматически, будучи уже частью нас. В силу того, что Обесценивающий Родитель работает и на обесценивание других людей, и на обесценивание нас самих, мы подбираем себе партнеров по отношениям, которые играют с нами в привычные нам психологические игры и поддерживают наши привычные поведенческие шаблоны. Аккуратная коррекция всей этой системы – и есть смысл и содержание терапии отношений.

Даже самый осознанный человек иногда может соскользнуть в свой старый обесценивающий паттерн. Например, в стрессовой ситуации автоматизм успевает запуститься раньше, чем мы успеваем включить осознанность, т.е. Взрослого и найти более эффективный и безопасный способ отреагировать. Более того, Обесценивающий Родитель умеет «маскироваться» под голос разума, под то, «как правильно» и «как надо». Но на деле эта внутренняя инстанция лишь ослабляет нашу способность справляться с жизненными задачами, в отличие от Ценящего Родителя в комбинации со Взрослым и Свободным Ребенком.

Иногда от Обесценивающего Родителя человеку бывает сложно избавиться из «ностальгических» соображений: человеку вроде бы и понятны все преимущества этого избавления, но процесс эмансипации кажется дистанцированием от родителей, обрывом связей с ними или мнимой утратой их навсегда. Так бывает, даже когда родителей уже нет в живых и человек пытается избежать признания этой утраты. Важно понимать, что это избавление и приобретение себя вовсе не противоречат друг другу. Избавляясь от обесценивающих шаблонов мышления и поведения, усвоенных от родителей, мы приобретаем качественно новые отношения с ними, если они еще живы, или же более добрую память о них, если они уже ушли из жизни. Иными словами, можно устранить своего Обесценивающего Родителя и отдать все управление Ценящему Родителю, но при этом сохранить и наладить отношения со своими реальными родителями, вовсе не потеряв их, а сделав более комфортными для себя.

Ничто так не мешает нам заниматься самореализацией, как самообесценивание. Как сказал Эрик Берн, мы рождаемся принцами и принцессами, а цивилизация делает из нас лягушек. У меня нет сомнений, что если бы мы по-настоящему ценили и себя, и других, то в мире стало бы гораздо больше реализованных, свободных и счастливых людей.

Глава 10. ТЕЛЕСНАЯ ОКЕЙНОСТЬ: БЛИЗОСТЬ, ГРАНИЦЫ И УМЕНИЕ ЗАБОТИТЬСЯ О СЕБЕ

Физический контакт между родителями и детьми был предметом исследований уже в 50-е годы прошлого века. Американский ученый Гарри Харлоу провел ряд экспериментов с участием детенышей макак резус и муляжей, изображавших их мам в отсутствие мам настоящих. Так вот, сделанному из проволоки и оснащенному бутылочкой с молоком маме-муляжу, детеныши неизменно предпочитали «мягкую» маму без питания. Им было важнее ощутить тепло и комфортный контакт, чем утолить голод.

Дальше больше. Харлоу разделил макак-детенышей на две отдельные группы, поместив в каждую группу по «маме» с молоком. Одна мама была из проволоки, другая — обернутая в мягкий материал. Наблюдения показали, что в обеих группах детеныши питались одинаково, но у детенышей, помещенных к проволочной «маме», наблюдались признаки стрессовой реакции (*Harlow, 1959*). Снова указание на важность не только питания, но и телесного комфорта.

И еще интереснее. В каждую из групп Харлоу вводил фигуру рукотворного чудовища, которое пугало детенышей. В вольере с мягкой «мамой» детеныши бежали к «маме» и чувствовали себя безопасно, в то время как детеныши проволочной «мамы» проявляли беспомощность и растерянность. Этот этап подчеркивает, что теплая и мягкая фигура сообщает детям больше ощущения защищенности и безопасности. Пожалуй, лучших иллюстраций нашей потребности в комфортном телесном контакте с защищающими фигурами и не придумаешь.

Чтобы разобраться в значимости для нас тактильности и ласки, давайте присмотримся к телесности и как к неотъемлемой части нашего самовосприятия.

Тому, кто не сомневается в своей привлекательности, гораздо легче строить благополучные отношения, в то время как многие люди без внешних изъянов страдают от недостатка любви. А почему одни люди ощущают себя привлекательными, а другие – нет? Очевидно же, что ощущение собственной привлекательности не зависит от параметров внешности, оно идет изнутри. Что именно делает людей с видимыми недостатками иногда даже гораздо более привлекательными в глазах других, чем людей без внешних недостатков?

Понять этот мнимый парадокс можно через понимание того, как ощущение безусловной ценности конструируется через телесность.

Опыт общения с родителями определяет нашу взрослую жизнь и телесное общение здесь играет едва ли не ключевую роль: многое зависит от того, насколько нежны были родители со своим ребенком и подтверждали ли они при этом его безусловную ценность. Неощущающий своей ценности человек не умеет выстроить по-настоящему комфортную близость. Неощущающий своей ценности человек не умеет эффективно, т.е. без обесцениваний отстаивать свои границы.

Еще важно то, как в семейной системе воспринималась сама телесность – нагота, близость, секс и все, что с ними связано.

В семьях с прохладным эмоциональным климатом телесность часто как бы выпадает из общения: члены семьи могут избегать, сторониться друг друга, предпочитают не делить общее пространство, не прикасаться друг к другу. Когда ко мне на терапию приходят пары или семьи, с первых же мгновений мне становится ясно, насколько они между собою близки. Об этом говорят выбор места, дистанция между членами семьи и наличие или отсутствие меж ними визуального контакта. Между телесным дистанцированием и физическим насилием есть прямая связь: они – нечто вроде синонимов. Так же связаны между собой телесная близость и принятие.

Наше ощущение ценности проявляется и через телесность. Мы появляемся на свет с интуитивным знанием «любит – значит бережет», а потом нам внушают идею «бьет – значит любит» и мы учимся терпеть. То, взрослый человек терпит телесный дискомфорт, отсутсвие ласки или насилие в отношениях означает, что его природные настройки сбиты Обесценивающим Родителем.

Только от бережных и ласковых родителей мы можем научиться осознавать и ощущать, что нашему телу на самом деле необходимо, и регулярно давать ему это, не отказывая. Телу необходимы: безопасность, хороший сон, достаточно движения, сбалансированного питания и телесной близости. Перекосы с питанием или с сексом во взрослости возникают там, где человек усвоил самообесценивающее – жесткое, небрежное, нечуткое обращение со своим телом. …И душой, ибо они части единого целого и по отдельности существуют только в мифах и легендах.

Ощущать ресурс как наличие физических сил это не роскошь, а норма и если вам так не кажется, то это симптом самообесценивания и это можно и нужно это исправить и начать регулярно отдыхать. Во взрослом возрасте можно и нужно дать себе Разрешение на все телесное, что хочется т.е. согласуется с естественными потребностями. Обращаться со своей телесной ресурсностью в целом нужно как с ребенком, которого любишь и готов поддерживать, понимать, гладить, обнимать, проявлять к нему чуткость и заботу, а все, что с таким отношением не согласуется – вычеркнуть из внутреннего диалога.

Родительская небрежность или телесное насилие это способ встраивания (само-)обесцениваний в ребенка, внушение ему его не(полно)ценности; ценящее же отношение выражается только в бережном обращении и ласке. Напомню, родители при этом вовсе не всегда злонамеренны – они прибегают к обесцениванию, потому что интуитивно знают, что в нем всегда заложен и обессиливающий эффект, делающий ребенка более управляемым и «удобным». Наша потребность в подтверждении ценности это наша самая большая уязвимость – ради подтверждений нашей ценности в глазах родителей мы подстраиваемся под их ожидания и требования, не умея еще подвергать их переосмыслению. Чтобы восстановить природные настройки, важно помнить: на самом деле нет такой родительской задачи, которую нельзя было бы выполнить исключительно при помощи ценящего взаимодействия.

Бывает и так, что в семье нет насилия и раздоров, но действует негласный запрет на проявления нежности. Тогда потребность в телесной близости может проявляться через тычки, удары и шлепки, которыми выражают свое отношение к детям родители и сиблинги между собой. Это не насилие, а, скорее, инверсированная нежность, все же помогающая хоть как-то утолить голод по тактильности. Однако дефициты, которые развиваются в таких условиях, могут дать знать о себе в более поздних взрослых отношениях.

...Камилла разводится во второй раз. Первый ее брак распался, потому что они с мужем «не подходили друг другу по темпераментам». Второй брак, в котором родились двое детей, начал разваливаться полтора года назад.

— Когда я выходила замуж во второй раз, то была уверена, что этот брак будет лучше, чем первый. Но после рождения первого ребенка мы с мужем как-то отдалились, потому что я была слишком занята памперсами и соплями. Потом родился второй, и с тех пор секса у нас не было. Мне даже казалось, что муж не против этого... Мы были заняты каждый своей работой, и вдруг он начал ко мне придираться, искать во мне недостатки и обвинять во фригидности. Меня не должно было бы это задевать, но почему-то ужасно задевает... — На лице Камиллы появляется гримаса боли. Она начинает беззвучно ронять слезы, рассказывая, как обстояли дела в ее родительской семье.

Отец Камиллы был фотографом. Однажды ее мать обнаружила в его ателье целые залежи фото в стиле ню. Сексуальность, нагота и телесная близость всегда были табу в их семье, и никто никогда не видел отца или мать раздетыми. Мать Камиллы устроила из-за инцидента с обнаженкой грандиозный скандал, и с тех пор статус отца в семье сильно пошатнулся. Чуть позже отец умер от инсульта.

Камилла не помнит, чтобы в детстве родители брали ее на руки или сажали к себе на колени. К тому же ее рост уже в школе был сильно выше среднего, и она всегда завидовала своим миниатюрным одноклассницам, которые нравились мальчикам: «Все девочки были как цветы – орхидеи и мимозы, а я была такой себе бурьян».

Камилла говорит, что никогда не испытывала оргазма с мужчинами и теперь вымещает свое копившееся годами латентное раздражение на муже, давно уставшем добиваться от нее благосклонности. Ее огорчает, что, несмотря на стремление не повторить опыта матери, она все равно оказалась похожей матерью для своих детей.

— Я не могу их погладить по голове, даже когда вижу, что они это заслужили. Мне кажется, что если попробую это сделать, то будет слишком заметно, что я этого не умею, и потому я избегаю даже пытаться. Я не знаю, как другие родители тискают, обнимают и ласкают своих малышей...

Прикосновения, объятия, поцелуи и телесное тепло необходимо для младенцев так же, как и регулярное питание. С возрастом телесная близость вовсе не теряет своего значения для нашего психического здоровья. Там, где собственная телесность не принимается как нечто безусловно хорошее и нормальное, рано или поздно возникают психологические фиксации на некой идеальной внешности и вечные претензии к себе из-за несоответствия ей.

Все бы ничего, но даже когда такой человек достигает некой идеальной физической формы – он по-прежнему неспособен быть с собой в ладу. При этом он может искренне восторгаться другими – например, теми, у кого асимметричное лицо или оттопыренные уши, но кто не имеет подобной фиксации и просто живет, занимается своим делом и вдруг становится, например, звездой: все ему рукоплещут и хотят быть похожими на него со всеми его несовершенствами. Телесная окейность подразумевает не то, что несовершенства нужно преподносить как достоинства, а то, что нет смысла на них фиксироваться, просто жить свободно, наполняя свою жизнь иными содержанием и смыслами.

Телесные зажимы, сутулость, неправильная осанка и общая неуклюжесть, то есть неумение полностью владеть своим телом и чувствовать себя в нем комфортно, – это не врожденные свойства. Это проявления неуверенности в себе, латентного чувства вины или стыда, приобретенных в процессе общения с кем-то обесценивающим. Телесная неокейность возникает там, где телесность подгоняется под некое «условие» или «параметры», которым якобы необходимо соответствовать, чтобы обрести желанную ценность.

Сексуальность – неотъемлемая часть телесности, и детская сексуальность является важным ее элементом. Дети развиваются с разной скоростью, и индивидуальные различия определяют более раннее или более позднее половое созревание. Все дети в какой-то момент открывают для себя как половое влечение, так и способы его удовлетворения. Воспринимая это как нечто заведомо ненормальное или стыдное, родители внушают ребенку мнимую «неправильность» и неполноценность всего, что с телом связано, вместо того чтобы сообщить ему, что тело и секс – это всего лишь часть нашей биологической природы и относиться к ней можно спокойно. Как уже упоминалось, нет плохих или нездоровых врожденных потребностей, есть только нездоровые или мешающие окружающим формы их удовлетворения.

Табуирование сексуальности порождает и поддерживает телесную неокейность. Так, люди с нетрадиционной сексуальной ориентацией часто с детства вынуждены существовать с осознанием собственной телесной неокейности, которая сообщается им извне. То же касается и людей с гендерной неопределенностью или трансгендеров. В идеальном мире без обесцениваний любой человек воспринимался бы не по параметрам телесности или сексуальности, а только по поступкам и отношению к другим людям.

Телесность не исчерпывается темой секса. Телесность – это способ переживания физической реальности во всей ее полноте посредством тела как инструмента, это способность ценить свое тело как нечто уникальное – то, что имеет смысл беречь и сохранять в хорошей форме, чтобы оно дольше служило, не «ломалось» и не изнашивалось преждевременно.

Идея бодипозитивности изначально возникла как ответ на острый дефицит принятия телесности, а не как оправдание полноты. Бодипозитивность это спокойная убежденность в том, что тело в целом – это хорошо, каким бы оно ни было, и что лучше его ценить, вместо того чтобы искать в нем изъяны. Приводить тело в желаемую форму имеет смысл не ради чьих-то ожиданий, а чтобы ощущать себя комфортно. Такая независимая от внешних факторов индивидуальная телесная окейность приобретается через адекватное, то есть ценящее, отношение со стороны родителей как со стороны наиболее значимых источников информации о ребенке. Родительские послания «Твое тело в полном порядке» и «Телесные контакты с близкими ценящими людьми — это нормально и хорошо» обеспечат здоровое отношение ребенка к телесности. Ниже мы поговорим и о границах.

...Камилла неожиданно переводит разговор на неактуальную, на первый взгляд, тему:

— Мое первое замужество было лишь попыткой доказать кому-то, что я не совсем уродина, что меня тоже могут взять замуж. Мой первый бывший и я изначально были абсолютно чужими людьми и впоследствии таковыми и остались, просто вначале он был тем, кто не считал меня слишком высокой, – он и сам почти два ме-

тра ростом. Когда мы разводились, я была рада, что у нас не родились дети, потому что знала, что с нами они были бы несчастными, как я была несчастной дочерью своих родителей... Конечно, моя мать никогда не говорила мне, что я урод, но я знала ее мнение обо мне: я для нее была как бы «сортом ниже», чем другие девочки. Однажды, уже будучи взрослой, я попыталась до нее донести, как меня ранило одно ее высказывание по поводу моего роста. Но она тут же отмахнулась и сделала вид, что я без повода пытаюсь предъявить ей какие-то старые и неуместные претензии и ее, невинную, обидеть. А я вот думаю, неужели ей, как маме, так трудно было дать мне понять, что мой рост – это нормально?

Любой специалист, работающий с депрессиями, пост-травматическим синдромом, пограничными и сексуальными расстройствами и расстройствами пищевого поведения, знает, как тесно они связаны с телесностью. От родительского отношения зависит, будет ли человек причинять вред своему телу или станет бережным и к себе, и к окружающим. Если сформировать спокойное отношение к своей телесной ценности в детстве было невозможно, то это можно сделать и во взрослой жизни – с помощью хорошего специалиста.

Важный аспект телесной окейности – личностные границы. Необходимо, чтобы ребенок, который вступает в социальную жизнь, осознавал границы своего тела и умел защитить себя в ситуации, вызывающей психологический или физический дискомфорт. К сожалению, именно усвоенная неокейность мешает ребенку делиться с родителями тем, что его тревожит в отношениях с другими, в частности, если его границы нарушают.

Крайняя форма нарушения границ это насилие, для ребенка травмой может стать сексуальное или сексуализированное насилие. Проблема этих форм насилия в том, что они как бы низводят человека до уровня объекта удовлетворения физиологической потребности, дегуманизируют его, что является радикальным обесцениванием. Как и в любом акте насилия, позиция силы субъективно переживается насильником как повышение собственной ценности за счет обесценивания другого. И, как любое обесценивание, сексуальное насилие ранит чувства, оставляя травмирующую «зарубку» на самовосприятии жертвы.

Чаще всего жертвами сексуального насилия становятся те, кто не умеет или не решается себя защитить, то есть кто не уверен в том, что он достоин защиты и уважительного отношения. Это всегда те, кто легко попадается на «крючок» повышения ценности.

Патрик рассказывает свою историю, и руки его едва заметно дрожат:

— Он говорил мне, что я особенный, избранный. Я, конечно, чувствовал, что есть что-то в наших отношениях такое... странное, неправильное и стыдное. Я чувствовал это в том, как он увещевал меня об этом никому не рассказывать. Но в то же время я чувствовал и то, что значим для него. Я думал, что был для него чем-то бо́льшим, чем просто друг. Я ему верил...

Патрику было восемь лет, когда родители отдали его в элитный интернат, с которым связана его история. С тех пор прошли десятилетия, но он до сих пор испытывает проблемы с доверием и в отношениях с женщинами. Он долго не решался обратиться за помощью, потому что привык считать себя недостойным этого.

— Тогда у меня было ощущение, что своим родителям я не нужен. Хотя на самом деле это было не совсем так. Мой отец тоже в свое время был в интернате и считал, что именно этот опыт и дал ему отличный старт в жизни: потом он получил качественное выс-

шее образование и стал большим человеком. Но когда я оказался в интернате, то очень долго был один и остро ощущал свою ненужность. Я думал, что не нужен и не интересен ни родителям, ни учителям, ни ровесникам. Помню, что даже негромко разговаривал сам с собой, нарезая круги в скверике при интернате в свободное время... И тут возник этот воспитатель. Он понимал меня и внимательно слушал. Делал мне небольшие подарки, которые попадали прямо в точку. Он интересовался мной и был для меня полу-другом, полу-отцом, которого мне вечно не хватало. Я был для него важен. А потом у нас появилась и общая тайна. – Патрику становится сложно говорить, спазм сжимает его гортань. – А потом я узнал, что у него были и другие, что я вовсе не единственный и не избранный, просто один из многих и ничем их не лучше. И что все это на самом деле ничего не значило, он просто использовал меня. – Эту фразу Патрик произносит с энергией в голосе, подавленный гнев выходит наружу.

Я выражаю свою догадку:

– Но и тогда Вы никому об этом не рассказали?

– Нет, я не мог. Мне было очень больно и еще более одиноко, чем прежде, но я не мог об этом никому рассказать, потому что ощущал вину: как если бы я был виноват в этом не меньше, чем он. Я чувствовал себя грязным и мерзким, недостойным сочувствия и поддержки. Это прозвучит дико, но я еще и жалел его...

Наша работа с Патриком не была быстрой и легкой. В нем то и дело включалось сопротивление, источником которого был его Обесценивающий Родитель, внушавший ему послания типа: «Ты слишком много о себе думаешь», «Ты грязный – и сам в этом виноват», «Ты не можешь никому доверять, все заботятся только о себе». Такие разрушительные послания всегда маскируются под правду и вынуждают человека избегать близких отношений. Патрик отчаянно боялся заводить отношения с женщинами, потому что не верил в то, что доверие и близость могут вести к чему-то хорошему. Он был убежден, что стоит кому-то довериться, сблизиться и ощутить собственную ценность, как произойдет катастрофа – и снова будет очень больно.

Мы неоднократно пересматривали стратегии поведения и сценарные паттерны, т.е. те бессознательные убеждения и решения, которые Патрик усвоил в рамках своего травматического опыта. Сначала он не осознавал, что его решения продиктованы не его свободной волей, а сценарными убеждениями. Но постепенно он научился их осознавать, хотя не сразу находил новое, свободное от сценария решение.

Кроме того, мы обнаружили сильный запрет на заботу о себе, который Патрик усвоил из модели поведения своей матери. Его мать выстраивала отношения с отцом Патрика в формате симбиоза: зависела от ведущей функции своего мужа и всегда была нацелена только на избегание любых конфронтаций. Взять под защиту Патрика она не могла, не решаясь противоречить решениям мужа, который стремился воспитать из сына «настоящего мужчину».

Осознание шаблонов мышления и поведения происходило на этих сессиях с помощью функциональной модели эго-состояний. Патрик учился отслеживать собственные реакции и соотносить их с моделью, отвечая на вопрос «Из какого эго-состояния я в данный момент мыслю и действую?», – и со временем это стало частью его нормальной саморефлексии. На определенном этапе нашей работы он уже формулировал вполне подробные ответы, например: «Только что я повел себя как Покорный Ребенок, действующий из страха и стремящийся любой ценой избежать отвержения со стороны других. Я не задействую моего Взрослого, который может предложить сразу несколько хорошо функционирующих решений текущей задачи, и моего Ценящего Родителя, который дает разрешение на действия в моих интересах, на адекватную заботу о себе».

Переломным моментом для Патрика стала ситуация, в которой он повел себя не так, как предписывал ему его Обесценивающий Родитель. В фирме, где Патрик работает программистом, появилась новая сотрудница, и против нее, с подачи одного из коллег — неформального «альфа-самца», — была развернута тихая травля. Неожиданно для себя самого Патрик встал на сторону жертвы, отказавшись участвовать в травле и призвав других ее прекратить. Тем самым он решил очередную жизненную задачу иначе, чем решал всегда: раньше он всегда стремился избегать конфронтации и не попадаться на глаза тому, кто притязает на более высокую ступеньку в иерархии. Этот несценарный поступок сделал его Ценящим Родителем и для той, кого он взял под защиту, и для себя самого.

Вступиться за кого-то вовсе не было задачей Патрика, но в тот момент он ощутил в себе достаточный для этого ресурс. Парадоксальным и одновременно освобождающим открытием для Патрика стало то, что, когда он усилил своего Ценящего Родителя и проявил заботу о себе и о другом человеке, то, чего он так опасался, так и не случилось: не грянул гром небесный и не последовало наказание от «альфа-самца». Обесценивающий Родитель его противника оказался уже вовсе не таким опасным, как прежде. Отношение коллег к Патрику также изменилось к лучшему: его зауважали те, кто боялся стать жертвой травли и поэтому не препятствовал травле новенькой или даже косвенно *участвовал в ней. Через какое-то время Патрик и эта девушка начали встречаться.*

Ценность и личностная сила в нашей психической жизни связаны неразрывно и проявляются друг через друга. Ощущение силы как способности влиять в случае Патрика было восстановлено тогда, когда пошло на поправку его ощущение собственной ценности. Когда маленьким мальчиком он был вынужден засомневаться в том, что он ценен для своих родителей, он стал ощущать себя не в состоянии влиять на происходящее, что и позволило манипулятору влиять на него. Именно так работает психологическое насилие.

Насилие не всегда означает жестокость, но это всегда злоупотребление силой и использование другого с целью получить некую выгоду. Манипуляция возможна только там, где ее объект не ощущает себя достаточно ценным, так как манипулятор эксплуатирует именно потребность в подтверждении ценности. Чем менее удовлетворена эта потребность, тем более мы уязвимы. И тем вероятнее, что жертва абьюза будет хранить тайну, а для манипулятора, опасающегося быть разоблаченным и наказанным, это всегда очень важное преимущество.

Даже краткие эпизоды обесценивания могут оставить неизгладимый след в психике. Так, некоторые девочки, ставшие объектом парковых эксгибиционистов, помнят эти минутные эпизоды всю жизнь, и все их дальнейшее отношение к мужчинам может быть окрашено этим крохотным по времени опытом. Они могут ощущать себя униженными, безликими объектами удовлетворения чьей-то похоти — особенно если отношения с родителями не компенсировали тот опыт любовью, пониманием и принятием. А какие притязания на индивидуальную ценность могут быть у ничтожного и безликого объекта? Терапия такой травмы идет через восстановление собственной ценности и растождествление, отсоединение себя от этого опыта: «Этот опыт не определяет то, кем я являюсь»; «Я – это не то, что со мной тогда случилось» и «Нет моей вины в том, что со мной тогда произошло, просто, к сожалению, так бывает».

Часть 3

ЭМОЦИОНАЛЬНАЯ ГРАМОТНОСТЬ КАК РОСКОШЬ БЫТЬ СОБОЙ

Глава 11. НЕПРОВЕРЕННЫЕ ФАНТАЗИИ И КАК ИХ ПРОВЕРЯТЬ

Отдавая дань благодарности Клоду Штайнеру, в следующих главах я хочу рассказать о некоторых его техниках, которые замечательно показали себя в моей работе. Эти техники и методика развития эмоциональной грамотности в целом идеально согласуются с моим представлением о том, что подтверждение ценности — главное в отношениях. Проверка фантазии — это один из способов проявить чуткость и избежать конфликта и отчуждения. Но начнем с маленькой истории на тему.

Когда много лет назад я занималась разработкой проекта своего научного исследования, мне понадобился совет одного более опытного коллеги, чью книгу я в то время прочла. Я написала этому коллеге электронное письмо, в котором изложила свои вопросы, и стала ждать. Прошло несколько недель, но ответа не последовало. Я подумала, что ждать дальше не стоит, потому что этот коллега наверняка слишком занят, чтобы отвечать на мои вопросы, ведь я — никому не известный искатель ответов, а он — сам Клод Штайнер.

Однако мой приятель-американец, помогавший

мне править мои англоязычные тексты, сказал следующую вещь: «Раз уж Клод разместил свои контакты в сети, значит, он не будет против, если ты позвонишь и просто спросишь, получил ли он твое письмо». Так я и сделала. Дождавшись, когда в Калифорнии будет утро, я набрала номер Клода. Он снял трубку и, услышав мой вопрос, спокойно произнес: «Да, я получил письмо и отправил свой ответ некоторое время назад. Я нахожу эту исследовательскую идею очень хорошей. Тебе непременно следует проверить свою гипотезу. Желаю удачи!»

Этот звонок стал поворотной точкой для всей моей дальнейшей жизни. Если бы я тогда приняла за правду свое предположение, то не узнала бы, что электронное письмо тоже может потеряться! И не узнала бы много других вещей… Одним словом, я была безумно рада, что позвонила и спросила.

Мы часто путаем предположения с действительностью, и порой это приводит к сложностям в отношениях – к недопониманию, конфликтам, обидам. Нейрофизиологи утверждают, что человеческий мозг из-за его энергозатратности очень ориентирован на экономию энергии. Если это утверждение верно, то оно объясняет нашу склонность к упрощению и минимизации задач, встающих перед нами. Дело в том, что для принятия решений нам необходимо опираться на некую желательно полную и непротиворечивую картину реальности и, когда информации не хватает или возникают противоречия, наше восприятие выбирает самый простой способ эту картину достроить.

Иногда это может доходить до масштабов паранойи – даже у людей без всяких психических отклонений. Мы заполняем пробелы в картине реальности теми фрагментами информации, которые кажутся нам правдоподобными или вероятными; мы полагаемся на свою догадливость и вводим в заблуждение самих себя, не решаясь просто спросить. Или опираемся на теории заговора, если хоть что-то «проясняют». В отношениях мы также часто что-то предполагаем и лишь на основании этого принимаем важные решения, рубим сплеча, обвиняем, рвем отношения, вместо того чтобы проверить, соответствует ли наше предположение действительности.

Ситуация с SARS-CoV-2 в 2020 году стала иллюстрацией нашей потребности в непротиворечивой картине происходящего: в условиях недостатка важной информации люди хватались за любые теории и гипотезы, дававшие им иллюзию объяснения и упорядочивания реальности. Все для того, чтобы ощутить себя в безопасности и в состоянии как-то влиять на происходящее.

Порой лучшее, что можно сделать для себя и отношений, – это задать грамотно сформулированный вопрос. Если вам кажется, что партнер вас игнорирует, обесценивает или пытается вами манипулировать, – проверьте, верна ли ваша догадка. Важное правило при этом – формулировать вопрос так, чтобы в нем не содержалось ни элемента обесценивания. Если собеседник уловит обесценивание, он может воспринять вопрос как упрек или инсинуацию. Так вы не проверите свою фантазию, а только усугубите взаимное непонимание и отчужденность.

Текстовые мессенджеры и электронная почта – это своего рода чашка Петри для непроверенных фантазий. В этой «среде» быстро плодятся предположения, подозрения и зарождаются конфликты: отсутствие привычной картинки, т.е. мимики и языка тела, стимулирует нашу фантазию. Ответ после долгой паузы или беглый, поверхностный ответ там, где вы ожидали участия или сочувствия, может вызвать подозрение, что вами не дорожат или намеренно показывают пренебрежение. Это можно проверить – лучше всего, конечно, не в письменном формате, а при личной встрече, например: «Когда мне пришел твой краткий ответ, мне показалось, что тебе было не до меня. Так ли это?» или «Когда ты описывал ситуацию, мне показалось, что ты на меня сердишься. Это правда?». Преимущество такой формы общения состоит в том, что вы доносите до адресата важную для вас информацию – не искаженную, а именно в том виде, в котором хотите, чтобы она была воспринята.

Часто что-то мешает нам задать вопрос, чтобы проверить свою фантазию. И этим чем-то может являться другое, более базовое предположение о том, что партнер отреагирует отказом – откажется выслушать, признать часть своей ответственности за происходящее или вообще участвовать в диалоге. Мы избегаем этого, потому что любое такое развитие событий ранило бы наши чувства еще сильнее.

Непроверенные фантазии часто порождают и эмоции. Как то описано в главе 3, эмоции это сигнальные лампочки наших потребностей. Например, когда потребность в безопасности не удовлетворена или мы знаем, что ей что-то угрожает, мы испытываем страх или беспокойство. Страх побуждает адаптироваться под меняющуюся реальность, его задача – сподвигнуть нас на шаги, ведущие к удовлетворению потребности. Однако этот же страх может усиливать и множить наши непроверенные фантазии. Получается замкнутый круг: опасение –> непроверенная фантазия –> страх. Эту динамику «раскачивания» эмоций фантазиями, а фантазий эмоциями можно образно выразить в виде карусели. Карусели, которая, к сожалению, с весельем не имеет ничего общего (см. Рис. 11).

Зачастую фантазия имеет под собой некие основания: Штайнер называл это «зернышком правды». Важно уметь грамотно реагировать на фантазии другого человека именно потому, что во многих случаях они содержат зернышки правды. Как говорил один киногерой, паранойя это обостренное чувство реальности. С другой стороны, человек с очень развитой интуицией рискует ошибиться, если он слишком быстро и безоговорочно принимает любую свою догадку за реальность и действует, не проводя проверки фактов.

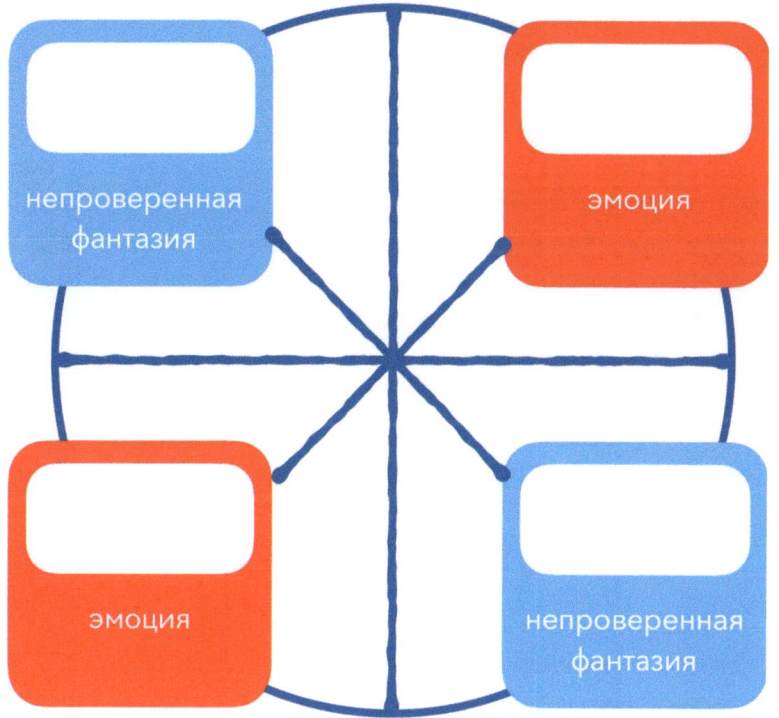

Рисунок 11. «Карусель» непроверенных фантазий и эмоций, усиливающих друг друга

Конечно, для эффективной проверки фантазий необходим определенный уровень взаимного доверия и близости, дающий вам уверенность в том, что партнер услышит и ответит. Эмоциональная грамотность во всех ее аспектах как раз и позволяет эти доверие и близость развивать и поддерживать. Сама же по себе грамотная проверка фантазии – это акт уважения, то есть ценящего отношения к партнеру, тогда как обвинения и инсинуации, напротив, обесценивают и ранят чувства.

Когда контакт установлен и предположения озвучено, то задача адресата – дать обратную связь на предмет, верно ли предположение. Иногда фантазия может и не иметь ничего общего с реальностью, иногда же она полностью подтверждается. А иногда в выраженной догадке адресат может выделить «зернышко правды», то есть подтвердить некую конкретную часть догадки. Когда мы называем то, что именно было в интуитивной догадке зернышком правды, мы тем самым способствуем восстановлению взаимопонимания и доверия. Не давая грамотного фидбэка предположениям другого, мы лишь усиливаем фантазии и вместе с ними и недоверие.

В своей работе мне и самой нередко приходится проверять предположения, связанные с рассказом клиента или с неким несоответствием слов и, например, языка тела. Дело в том, что, когда человек что-то недоговаривает, его мимика и жесты, как правило, это выдают.

Лилли 31 год. Она обратилась ко мне по поводу симптомов депрессии: жаловалась на трудности на новом рабочем месте, постоянное ощущение стресса и тревоги. Занимаясь научной работой, она недавно сменила место жительства и теперь чувствовала себя полностью дезадаптированной и отрезанной от привычного ей круга общения, хотя периодически общалась с родны-

ми и друзьями по телефону и скайпу. Ее родители живут в другой европейской стране и возлагают на дочь большие надежды. Каждый раз, когда она упоминала о своем отце, на ее лице на миг появлялась словно вымученная, какая-то болезненная улыбка. Так произошло и в тот момент, когда она нерешительно упомянула, что последние ее отношения были с женщиной.

Некоторые намеки на отношения с женщинами проскакивали в высказываниях Лилли и раньше, и я предположила, что какую-то роль в ее нежелании открыто об этом говорить может играть ее отец, вернее, его отношение к теме гомосексуальности. Я задумалась, как можно было бы наиболее деликатно дать Лилли разрешение говорить об этом свободно. Ведь если мое предположение верно, то, возможно, Лилли частично переносит на меня отцовское непринятие, не веря, что я отнесусь к этой теме полностью спокойно и адекватно. Дело в том, что я по возрасту примерно отношусь к поколению ее отца, и со стороны клиентки это мог быть не только перенос, но и отыгрывание и проживание ее непроверенной фантазии на предмет моего восприятия. К тому же непринятие Лилли отцом, если таковое имеет место быть, могло играть важную роль и в ее актуальном ощущении дезадаптированности, проработкой которого мы занимались. Итак, я произнесла:

— У меня возникла одна фантазия, которая имеет прямое отношение к затронутой Вами теме. Я бы хотела с Вашей помощью проверить эту фантазию — я сформулирую ее, а Вы можете подтвердить или опровергнуть мое предположение, ок?

— Да, конечно.

— Мне показалось, что Вы переживаете определенные эмоции в связи с Вашими последними отношениями, но Вам сложно говорить об этом абсолютно открыто.

— Да, мне немного трудно об этом говорить...

— Для эффективности нашего взаимодействия очень важно, чтобы Вы ничего не опасались. Вы можете говорить обо всем открыто и ничего плохого здесь случиться не может. Я не оцениваю и уж ни в коем случае не осуждаю никакие их форм поведения и все сказанное здесь остается между нами. Я лишь человек, который помогает Вам распутать сложности и умеющий это делать осторожно. Мне важно получать от Вас всю информацию, которая способствует этому распутыванию.

Лилли мягко улыбается и медленно вздыхает:

— Я действительно боюсь об этом говорить, потому что привыкла жить с оглядкой на реакцию папы. Большинству людей не нравится такая правда...

— Я это хорошо понимаю. Вы можете дать себе время. И можете сами выбрать подходящий момент, когда сможете сообщить мне относящуюся к нашей работе информацию.

— В общем... Дело в том, что... Одним словом, мой отец – человек традиционного склада. В его родной культуре это табу, и он словно еще не понял, в каком обществе живет, хотя сам он – очень хорошо образованный человек. Он приехал в Европу, убегая от несвободы, а тут почему-то пытается следовать обычаям, от которых сам же и бежал. Он никогда не примет то, что я не собираюсь жить так, как он от меня ожидает. Мой папа ненавидит все, что не вписывается в его представления о правильности, и бывает очень импульсивным. Он никогда не поймет меня и никогда не простит, наверное... Да я и не решилась бы разбить его сердце. Хотя почему это должно разбить его сердце?

Лилли проговаривает все это с внутренним усилием, но и с облегчением. Ей и самой уже к завершению монолога явно кажутся несколько абсурдными все ее прежние опасения. *Она взрослая женщина, давно самостоятельно зарабатывающая себе на жизнь, – кому, как не ей, решать, как жить?* В процессе нашей работы она постепенно, шаг за шагом, училась ощущать пространство своих собственных, а не навязанных кем-то жизни и свободы, которые невозможны без настоящего принятия себя.

У непроверенных фантазий есть еще одна особенность, чаще всего неприятная – они способны воплощаться в жизнь, если на их появление не реагировать адекватно, то есть не проверять их достоверность спокойно и без эмоций, тем самым убирая из повестки отношений. Например, такая «бытовая паранойя», как подозрения в неверности партнера, может сначала не иметь под собой никаких оснований и быть лишь отголоском детской травмы, повторения которой вы бессознательно боитесь. Но этот подпитывающий фантазию страх может стать триггером недоверия, отчуждения и эмоционального напряжения в отношениях, от которого партнер рано или поздно попытается хоть ненадолго сбежать в более комфортные отношения с кем-то другим. Так непроверенная фантазия может материализоваться, но ответственен за это не только изменивший партнер, но и тот, кто изначально не проработал свой страх и не проверил фантазии.

Вот четыре шаблона, которые можно использовать для проверки гипотез. Каждый из них можно видоизменить, подогнав под текущую задачу:

«Боюсь, мы неправильно поняли друг друга. Хочешь об этом поговорить?»

«Мне показалось, что мои слова тебя рассердили. Так ли это?»

«У меня создалось впечатление, что мои слова, возможно, ранили тебя. Верное ли это впечатление?»

«У меня есть ощущение, что ты как будто избегаешь меня. Что мне по этому поводу думать?»

Итак, если вы хотите сделать свою жизнь и отношения проще и счастливее, всегда проверяйте свои непроверенные фантазии – и делайте это дипломатично. Так вы одновременно подтверждаете и ценность того, с кем общаетесь, и свою собственную, грамотно заботясь о себе и противостоя тем самым деструктивной власти Обесценивающего Родителя, нашептывающего, как всегда, что-то в духе «Ты не ОК».

Глава 12. ОТВЕТСТВЕННОСТЬ КАК РЕСУРС СИЛЫ

Знаю, слово «ответственность» на многих сразу нагоняет скуку. И это вполне в человеческой природе – воспринимать ответственность как ношу. Однако давайте рассмотрим, за что отвечать круто, а за что – нет и какие бонусы в отношениях дает умение грамотно нести именно свою ответственность.

В контексте отношений у каждого из нас есть разные зоны ответственности: это и ответственность за свои эмоции, и возможная со-ответственность за эмоции другого – если наши действия послужили их причиной. Большая путаница, недопонимание и отчуждение возникают там, где каждый из партнеров понимает сферы ответственности по-своему. Неумение нести ответственность за свое эмоциональное состояние это частая причина сложностей в отношениях.

Иногда некоторые из нас, наоборот, несоразмерно сильно ощущают свою ответственность за чужие эмоции. Особенно это касается людей от природы чувствительных, восприимчивых и эмпатичных, а также тех, кто вырос в семьях, где родители использовали эмоции как инструмент контроля и управления, а дети были вынуждены адаптироваться к резким перепадам эмоционального состояния родителей и чутко их отслеживать. У таких детей мало шансов научиться ощущать собственные личностные границы и разделять зоны ответственности. Интенсивно сопереживающий и сочувствующий человек слабо ощущает границу между своими эмоциями и эмоциями другого, и это может сделать его объектом манипуляций и абьюза.

Возможна и обратная ситуация: нас упрекают в том, что мы якобы спровоцировали какие-то эмоции, но мы не понимаем, чем именно, и уже сами злимся в ответ на такие обвинения – либо потому, что совсем не видим взаимосвязи, либо потому, что эта ответственность выглядит несправедливо распределенной между нами и «обвинителем».

Или вот еще, что называется, классика жанра:
– Он меня бесит!
– Чем?
– Да своей невозмутимостью!

Эмоциональный отклик партнера в нашем восприятии – важный элемент взаимопонимания и признак по крайней мере небезразличия с его стороны. И его осознанной со-ответственности за происходящее, т.е. умения выстраивать отношения по-взрослому. Нам бывает трудно принять нежелание или осознанное решение другого не включаться в ситуацию эмоционально и не давать себя вовлечь – ведь это выглядит как осознанный жест отвержения или дистанцирования. В нежелании показать свою ответственность всегда сквозит скрытое послание «Твои чувства мне менее важны, чем моя правота» и это дополнительно травмирует. Именно поэтому умение адекватно разделять зоны индивидуальной ответственности за эмоции и спокойно об этом говорить необходимо для создания гармоничных взрослых отношений.

Осознание следующих положений поможет вам не запутаться в сферах ответственности и сделает ваши отношения свободнее от силовых игр, ложных долженствований и дискомфорта. Этих положений всего три:

1. «То, что я чувствую из-за чьих-то действий или слов, – это моя ответственность».

2. «Своими действиями или словами другие могут вызвать во мне эмоции, но это не значит, что только они за это в ответе. Моя ответственность – адекватно позаботиться о себе, например, сообщить о своих эмоциях, чтобы их принимали во внимание, ведь, если я не сделаю этого, я тоже отвечаю за последствия».

3. «Своими действиями или словами я тоже могу вызвать эмоции в другом человеке, но это не значит, что только я за это в ответе. Моя ответственность – знать, где граница между мной и другим; учитывать его чувствительность и реакцию; понять, чем я задел(-а) его чувства, и проявить свое участие или попросить прощения, если необходимо».

В контексте деловых или формальных отношений эти положения не так эффективны, поскольку профессиональные отношения обычно регламентированы рабочей этикой и договорами. Однако в личных отношениях комфортная близость без этих трех ингредиентов просто невозможна.

Важная часть ответственности – умение различать и исследовать намерение, стоящее за неким действием или словом. Намеренно или ненамеренно пытались вы вызвать ту или иную эмоциональную реакцию в другом? Нарочно или нечаянно задел ваши чувства другой своим действием или словом? Иногда оказывается, что просто по недосмотру и совсем не специально. Но для того, чтобы это выяснить и восстановить нарушенное благополучие в отношениях, нужно спокойно об этом поговорить, проверив свое предположение.

Рисунок 12. Сфера отвественности взрослого и три ее аспекта

Иногда наша ответственность состоит и в том, чтобы перестать доверять тому, кто дает нам недостаточно оснований для доверия. И если мы все же продолжаем безосновательно доверять и не берем себя под защиту – то отвечать за последствия этого тоже нам. Ответственность – лучшая профилактика токсичности в отношениях и психологического симбиоза, то есть зависимости и со-зависимости. Чем меньше осознанной ответственности и автономии в отношениях, тем больше в них насилия и дискомфорта.

Быть взрослым это значит ощущать свою ответственность за свое эмоциональное состояние и не ожидать, что кто-то позаботится о нем лучше, чем ты сам. Нести ответственность за свои эмоции это значит прежде всего перестать нуждаться в формулировках типа «он меня бесит», «она меня нервирует», «они меня раздражают». Даже если субъективно это ощущается так, гораздо продуктивнее формулировать свои ощущения от первого лица: «Я чувствую злость, когда происходит то-то и то-то», «Я ощущаю раздражение, если мое ожидание не оправдывается». Только так вы избавляетесь от статуса жертвы обстоятельств и становитесь активным субъектом, а не пассивным объектом чьего-то влияния.

Наши слова и действия (или же бездействие) довольно часто становятся катализатором эмоций другого. Это касается не только супружеских отношений: проводя терапевтические группы, я часто наблюдаю, как чье-то высказывание вызывает в ком-то сильный эмоциональный отклик, хотя оно ему не адресовалось. Не разобравшись, некто третий тут же интерпретирует происходящее, основываясь на своем опыте, о котором другие знать не могут, и вот уже каждый в группе переживает свои эмоции и непроверенные фантазии, а то, что стало триггером и что было истинной причиной всего этого, — «остается за кадром», если не обратить внимание на детали и не обозначить зоны ответственности.

Триггер — это лишь спусковой механизм, им может стать краткое описание некой ситуации или даже отдельное слово, а истинной причиной возникшей эмоции при этом может быть совсем старая травма, вытесненная ее носителем на периферию сознания. Если люди не состоят в близких отношениях, подобный казус не ранит чувства всерьез, не имеет важных последствий, и потому им можно пренебречь, но в близких отношениях умение видеть причинно-следственные связи между своими действиями и эмоциями других людей – одно из самых важных умений.

Каждый из нас иногда совершает ошибки в общении с другими. Порой мы просто слишком сосредоточены на чем-то своем и это мешает нам воспринимать и правильно истолковывать эмоции окружающих как реакции на наши действия. Именно для таких случаев К. Штайнер придумал эффективный инструмент, помогающий разобраться и с эмоциями, и с ответственностью за них. Его название на английском – action/feeling statement, которое для удобства на русский я перевожу как «нота акции-реакции». На мой взгляд, слово «нота» в значении дипломатического обращения здесь прекрасно отражает суть.

Нота акции-реакции – это способ выражения эмоций, при котором вы сообщаете другому человеку о том, какую эмоцию он вызвал в вас неким своим действием. Цель такой «ноты» – донести информацию до адресата без обесцениваний, удостовериться, что он эту информацию воспринял, и получить от него обратную связь, например, просьбу о прощении. Вот как могут звучать ноты акции-реакции:

«Когда ты прервал меня на полуслове, не дав сказать, я разозлилась».

«Когда ты проигнорировала мою просьбу, я огорчился».

«Когда я слышу повышенный тон, я пугаюсь».

Нота акции-реакции помогает постоять за себя в ситуации, когда кто-то намеренно или нечаянно сказал или сделал что-то, что задело ваши чувства, доставило дискомфорт. Дать понять, что вы в состоянии адекватно позаботиться о себе, – это уже половина благополучной коммуникации. Притесняют или обижают лишь тех, кто позволяет это делать, не умея адекватно и вовремя отреагировать на происходящее.

Нота акции-реакции предполагает и ответ на нее со стороны ее адресата. Получателю ноты следует ответить в форме «отзеркаливания», то есть повторить или проговорить своими словами то, что он только что услышал и понял. На тренингах эмоциональной грамотности мы так и делаем, оттачивая мастерство формулировок: «Я услышал(а), что ты рассердилась, когда я не ответила на твою просьбу».

Отзеркалить высказывание важно, потому что в эмоционально-заряженных ситуациях в нас неизбежно включаются защитные механизмы психики, такие как вытеснение, рационализация, проекция и перенос и это повышает вероятность, что от получателя ноты вы услышите несколько иную или даже совсем иную интерпретацию того, что вы ему сообщили. Эта наша склонность интерпретировать услышанное по-своему – не плохо и не хорошо, просто так устроена человеческая психика и лучше это учитывать. Отзеркаливание помогает понять, что именно в изначальном послании было упущено получателем, как в его восприятии сместились акценты и что именно дошло до него в искаженном виде. Когда получатель проговорил то, что он понял из ноты акции-реакции, можно еще раз повторить то, что было им упущено, чтобы вы ощущали себя совершенно правильно понятым. Этот процесс помогает и замедлить обмен трансакциями, который в эмоционально-заряженных ситуациях обычно приобретает характер молниеносной эскалации, ведущей к горькой развязке.

Даже если кажется, что формулировки ноты акции-реакции звучат слишком «стерильно», не сомневайтесь – они работают. Они помогают ослабить или даже полностью устранить охватившую вас неприятную эмоцию и остановить атаку самообесценивания. Это делает вас гораздо более расположенным к здоровому диалогу, ведущему к решению проблемы.

Если вам не удается сразу идентифицировать охватившую вас эмоцию, можно для начала воспользоваться формулировкой «мне некомфортно» или «извини, я в замешательстве»: так вы создадите для себя возможность спокойно осознать, что это за эмоция и что именно ее вызвало. Такое осознанное формулирование возвращает вас из сценарного шаблона поведения в «здесь и сейчас» и помогает адекватно и по-взрослому влиять на ситуацию.

Некоторые формулировки вообще не стоит употреблять, если вы хотите избежать конфликта. Например, высказывания, содержащие слова «постоянно», «всегда», «вечно», «никогда» и «все время», контрпродуктивны, потому что содержат явный обесценивающий акцент и вызывают сильные негативные эмоции. В принципе любая генерализация обесценивает, то есть сводит на нет те позитивные, ценные аспекты, которые, безусловно, есть в любых отношениях и в любом человеке.

Альберт любит говорить, что он импульсивен и забывчив, но такой вот он человек и его жене Эмме просто нужно с этим смириться, ведь она знала, за кого выходит замуж. В ходе нескольких сессий Эмма училась грамотно, т.е. без упреков и соскальзываний в роль Покорного Дитя выражать Альберту свои ноты акции-реакции. Поначалу ей нелегко давался этот навык, потому что за много лет отношений с мужем она привыкла к тому, что он «не склонен принимать ее всерьез».

На одной из сессий Эмма рассказала, какое недавнее

действие Альберта вызвало в ней настоящий приступ паники. Речь шла о привычке Альберта «пропадать с радаров», то есть не приезжать к ужину, как было договорено, и не ставить в известность, когда он будет, заставляя других ждать и беспокоиться. Ситуацию осложняет тот факт, что недавно Альберту диагностировали сахарный диабет, но он не соблюдает предписания врача и иногда ему бывает по-настоящему плохо.

Во время совместной сессии Эмма выразила пережитые ею эмоции с таким спокойствием и уверенностью в себе, что Альберт несколько растерялся: это была как бы новая Эмма. Альберт гораздо увереннее чувствовал себя раньше, когда Эмма лишь подстраивалась под его ожидания, пряча свои собственные «от греха подальше».

— Ну... Я услышал, что ты очень волновалась за меня, когда я был недоступен и приехал на час позже. Я это понимаю. Мне очень жаль, что я заставил тебя волноваться, извини. Но ты же видишь, что ничего плохого не случилось! Просто на фирме дел по горло... Я, конечно, постараюсь быть более внимательным, но я же не нарочно. Я увлекающийся человек, понимаете, и на работе просто забываю следить за временем... — Альберт произнес это, уже обращаясь ко мне, волнуясь и при этом лукаво улыбаясь, что не соответствовало тональности разговора и обесценивало его диалог с Эммой.

Я попросила его остановиться и поинтересовалась, что за эмоцию он испытывает сейчас. Он задумался и ответил, что это тревога. Я спросила, что именно могло вызвать в нем эту тревогу. Альберт вновь задумался, опустив глаза, потом долго смотрел на Эмму и произнес уже совершенно серьезно и спокойно:

— Мне на секунду показалось, что ты меня больше не любишь. Или любишь не так, как раньше... И я испугался. Но теперь я вижу, что заставляет тебя тревожиться.

Я хоть и не нарочно, но иногда действительно все порчу. И все это из-за моего неумения обращать внимание и на твои чувства...

Позже Альберт рассказал, что понял одну важную вещь: так же, как Эмма пыталась сообщить ему о своем дискомфорте и не находила в нем понимания, теперь он хотел донести до нее что-то важное и повлиять на ее отношение к нему, опасаясь, что она уходит «из-под его контроля». Он привык, что в их отношениях ему как бы «можно» пренебрегать чувствами Эммы, а ей «нельзя», но он не осознавал этого перекоса. И теперь, когда Эмма взяла на себя ответственность адекватно заботиться о своих чувствах, он потерял ощущение привычной безопасности и комфорта. Ему даже показалось, что Эмма «выпустила колючки», вместо того чтобы, как обычно, быть с ним нежной розой. Как только он ощутил свою ранимость и незащищенность, он осознал и свою ответственность за то, что именно он привносит в отношения своим поведением и какие эффекты это производит.

В процессе спокойного и свободного от обесцениваний проговаривания действий и их эффектов мы научаемся ясно видеть границу, отделяющую нашу ответственность от ответственности партнера. Так, изначально Эмма была склонна видеть свою ответственность везде, где Альберт не хотел видеть свою. «Если я не буду отвечать за все, то все развалится» — было непроверенной фантазией Эммы, уходившей корнями в ее детские отношения с родителями. Как только Эмма осознала границы своей ответственности (за свои эмоциональные реакции, например) и дала понять Альберту, что хотела бы, чтобы он отвечал за свои действия (которые вызывают в ней эти реакции), — ничего не развалилось, а наоборот, наладилось:

Альберт стал более внимательным и отзывчивым к ее просьбам и конфликты прекратились.

Принятие ответственности – это проявление личностной силы. Тот, кто склонен избегать ответственности, часто делает так потому, что не находит в себе силы ее нести – боится чего-то, следуя своей непроверенной фантазии, принимая ее за реальность. Отказываясь брать на себя ответственность за свои эмоциональные состояния и поступки, которые ранили чувства других, мы искусственно делаем себя слабее, чем мы есть на самом деле.

Парадокс в том, что, избегая «нести груз» ответственности, мы не делаем свою жизнь и отношения легче, а только усложняем и утяжеляем их. Сила заключается в том, чтобы признать свое несовершенство и несовершенство другого и исправить то, что возможно исправить.

Глава 13. ПРОСЬБА О РАЗРЕШЕНИИ: НЕДООЦЕНЕННАЯ ДРАГОЦЕННОСТЬ

Отношения строятся из множества маленьких умений, и одно из самых важных – умение попросить. Ни нота акции-реакции, ни проверка фантазий не будут работать так как вам хотелось бы, если у вас нет «входного билета» на территорию партнера по коммуникации.

Выясняя отношения привычными нам способами, мы часто нарушаем границы другого – сознательно или неосознанно. Эффект от этого, как правило, получается не совсем тот, которого мы ожидали: это может быть и новый виток конфликта, и неумышленно задетые и раненные чувства. Если вы хотите выяснить отношения так, чтобы они стали лучше, то прежде, чем сформулировать ноту акции-реакции или непроверенную фантазию, спросите на это разрешения. Например:

«Я переживаю одну эмоцию и мне важно поделиться с тобой этим переживанием. Удобно ли тебе говорить?»

«Меня тревожит то, что произошло, и хочу поговорить об этом в спокойной обстановке. Как ты на это смотришь?»

«У меня возникло одно предположение, которое я хочу проверить. Мы можем обсудить это сейчас?»

«У меня назрела одна тема, но я опасаюсь непонимания с твоей стороны. Давай, я попробую сформулировать, а ты меня послушаешь?»

Фразы, сформулированные как вежливая просьба о разрешении войти, содержат в себе скрытое послание, подтверждающее ценность того, к кому они обращены. Это что-то вроде: «Я дорожу твоими чувствами и не хочу доставить дискомфорт нарушением твоих границ». Манеры обратного свойства, т.е. привычка начинать без предисловий, часто воспринимаются как грубость и пренебрежение, ведь по сути своей это обесценивание. В обстановке, которая и так уже заряжена взаимным неудовольствием, это может оказаться решающей «искрой».

Просьба о разрешении будет услышана и удовлетворена, если есть полное совпадение между вербальной и невербальной частями просьбы, то есть если выражение лица и тон голоса конгруэнтны смыслу сказанного. Если же тон голоса напряжен или повышен, это может быть воспринято не как просьба, а как попытка давить или принуждать, что в эмоционально-заряженной ситуации вызовет только обратный желаемому эффект.

Спрашивая о разрешении затронуть тему, вы тем самым сообщаете партнеру и о значимости этой темы для вас. Значимость темы – это то, что часто незаслуженно умаляется в самом начале коммуникации и пускает весь разговор не по той траектории, которая привела бы к желаемому результату.

Просьба о разрешении уместна не только в ситуации, когда нужно что-то прояснить или достичь примирения. Она важна и в случае, если вы хотите сократить дистанцию и сделать это максимально комфортно. Ведь иногда даже искренний комплимент может ощущаться как бесцеремонное вторжение – если он неожиданный, неучитывающий контекст. Тут можно провести аналогию с едой на бегу: вы не насладитесь искусно приготовленным блюдом, если его подадут внезапно и вам придется есть его впопыхах. Для того чтобы комплимент был принят и никакая его часть не была утрачена, нужно, чтобы получатель был готов его воспринять.

Опытный тренер эмоциональной грамотности всегда создает в группе абсолютно безопасную и потому располагающую к открытости атмосферу, в которой многие охотно дают подтверждающие поглаживания другому, делают комплименты и выражают благодарность. Однако, как это ни парадоксально, но первой реакцией на комплимент или благодарность у получателя может быть вовсе не положительная эмоция. Иногда в ответ на комплимент активируется внутренний Обесценивающий Родитель, что вызывает весьма интенсивный эмоциональный отклик, например, сильную грусть, заставляющую плакать или застревающую болезненным комом в горле.

В этот момент тренер может аккуратно остановить взаимодействие и попросить получателя поглаживания спокойно проанализировать эту его атаку самообесценивания и сформулировать своими словами то скрытое послание в собственном бессознательном, которое послужило триггером его эмоций. Часто эти послания звучат как:

«Ты этого недостоин» или «Он хвалит тебя, потому что преследует свои выгоды» и тому подобное. Важно дать человеку возможность самостоятельно проверить эти скрытые послания на валидность, то есть на то, насколько они оправданны и отражают ли истинное положение дел.

Кстати, некоторые тренеры эмоциональной грамотности для подобных случаев используют плюшевую игрушку, воплощающую Обесценивающего Родителя, например, несимпатичного бесполого тролля с бородавкой на носу, от которого ничего хорошего явно не дождешься. У меня с собой всегда есть розовая, слегка антропоморфная свинка и в такие моменты на тренингах я достаю ее, чтобы помочь человеку осознать послания, исходящие от нее. Такая «материализация» Обесценивающего Родителя способствует здоровой взрослой конфронтации с ним и экстернализации этой деструктивной части индивидуального опыта, исключению ее из внутреннего диалога. Обесценивающего Родителя необходимо критически переосмыслить и «уволить», устранить от управления процессами. Этому я помогаю вопросами, например, «Прислушайся, что он пытается тебе сообщить?», «Что тебе хочется ему возразить из твоего Взрослого?» и «А что на это скажет твой защищающий и поддерживающий Ценящий Родитель?».

Просьба о разрешении это про добровольность любых действий, которую важно осознанно развить. Штайнер всегда делал акцент на том, что любое взаимодействие должно быть добровольным, то есть в каждый конкретный момент вы вправе самостоятельно решать, ответить ли вам согласием на просьбу о разрешении. Так, все действия из роли Спасателя не являются добровольными, потому что вы при этом неосознанно обесцениваете некую свою потребность в угоду тому, кого пытаетесь спасать. Добровольность означает, что если кто-то просит вас о разрешении что-то прояснить, но вы не ощущаете в себе для этого достаточно ресурсов, то лучше ответить вежливым отказом и, может быть, назвать при этом другое, более подходящее время.

Умение получать отказ тоже крайне важно и его можно развить. Если отказ был действительно вежливым, т.е. не содержал обесценивания, примите его. Принять отказ помогает фокусирование на положительной стороне вопроса: своей просьбой о разрешении вы уже сделали что-то правильное и хорошее – как минимум повели себя как зрелый и осознанный человек и это было воспринято. Кроме того, просьба о разрешении обозначила важность для вас этого разговора и подготовила к нему вашего собеседника. Любой конфликт, как правило, разгорается и пылает там, где один или оба собеседника ощущают себя застигнутыми врасплох, безоружными и беспомощными. Умело сформулированная просьба о разрешении не даст этому огню разгореться.

И в заключении упомяну, что просьба о разрешении это неотъемлемая часть контракта на сотрудничество, который мы заключаем на тренингах эмоциональной грамотности в начале практических сессий. Этот контракт помогает создать безопасную атмосферу для всех вовлеченных, потому что он означает, что каждый несет ответственность за свои действия и высказывания и отказывается от любых форм манипулирования и неискренности, от экономии поглаживаний, т.е. разрешает себе все пять способов свободного обмена поглаживаниями. Именно это и помогает нам удовлетворять потребность в любви, признании и уважении. И главное – в рамках контракта на сотрудничество каждый берет на себя задачу осознано противостоять своему Обесценивающему Родителю, исключая любые его проявления из своих действий и высказываний. Именно это и делает наши групповые встречи исполненными спонтанности, осознанности и целительной близости.

Глава 14. ПОЧЕМУ ИЗВИНЕНИЯ РАБОТАЮТ НЕ ВСЕГДА

Для того чтобы понять, почему извинения не всегда работают, сначала нужно ответить на вопрос: а что побуждает вас простить того, кем были ранены ваши чувства?

К настоящему прощению нас сподвигает не извинение, а просьба о нем, потому что только просьба является искренним подтверждением нашей ценности. «Я извиняюсь» или «я извинился» это не просьба о прощении, а попытка оправдаться, продавить свой интерес или защититься. Ну и/или недостаток чуткости и осознанности в отношении производимых этим эффектов. Просьба же о прощении это грамотно сформулированное обращение, в котором адресат определяет, достигнут ли желаемый эффект.

В зависимости от ситуации формулировать просьбу о прощении можно очень по-разному. Поскольку все мы разные и контекст, опыт и восприятие у каждого свои, то эффективные для нас формы подтверждения ценности также могут самым радикальным образом различаться. Для кого-то исчерпывающей просьбой о прощении может быть и букет ромашек. Для кого-то – нечто более материальное. А на кого-то сильнейший эффект произведет лишь точно подобранное слово.

Внутренняя готовность простить человека означает, что вы снова чувствуете себя рядом с ним абсолютно комфортно и можете говорить открыто, без доли обиды или затаенного недовольства, с легкостью на сердце. Все иные варианты, то есть вынужденное «прощение» как результат манипуляции или безысходности, к настоящему прощению отношения не имеют.

В моей практике неоднократно встречались пары, отношения которых зашли в тупик именно после ситуации, когда один ранил чувства другого и хотел, но не умел попросить прощения за это так, чтобы второй его искренне простил.

— Я сделал тебе дорогой подарок и думал, что это загладит мою вину. Но ты злопамятно вспоминаешь мне который месяц то, что все уже давно забыли! Сколько можно упрекать меня одним и тем же?!

Штефан рассержен и огорчен. Он предпринял массу усилий, чтобы искупить свою вину, но желаемого эффекта так и не достиг. Эту нашу встречу инициировала Сабина, его жена. С огорченным выражением лица она отвечает мужу:

— Мне не нужен был твой дорогой подарок! Я просто хотела услышать от тебя, что ты сожалеешь о том, что так некрасиво повел себя по отношению ко мне в присутствии твоих родных. Но еще важнее для меня было бы узнать, что ты понял, почему мне было так больно. Я тебе не говорила, но после той ситуации я постоянно боюсь, что это может повториться... И еще. Я боюсь, что ты думаешь, что я злюсь на тебя без особой причины...

Сабина выглядит отчаявшейся. Ей нелегко дается откровенный разговор о своем страхе и разочаровании. И у меня возникает фантазия, которую я хотела бы проверить.

— Сабина, когда Вы только что поделились своими опасениями, у меня возникло одно предположение. Вы поможете мне его проверить?

— Да, конечно.

— Мне показалось, что со стороны Штефана Вы нуждаетесь в принятии Ваших эмоций, в том, чтобы он считал Ваши переживания адекватными, нормальными, закономерными. Так ли это?

Сабина начинает плакать, бросает взгляд на Штефана и кивает головой. Такая реакция на мои слова — подтверждение того, что своим предположением я попала в точку. Сабина привыкла думать, что ее эмоции чрезмерны и нелогичны, а сама она неадекватна. На эти мысли ее навел Штефан, обычно полагающийся не на эмоции, а на логику и поступки. Пытаясь защитить и оправдать себя, он все это время давал ей понять, что ее «обида» — это нечто глупое, ненормальное, досадное и только мешающее их отношениям и что «нормальные женщины» эмоции так долго не переживают. Такое отношение мужа больно ранило ее и не позволяло простить.

Впоследствии, когда этот гештальт уже был закрыт и мы завершали сессию, Сабина и Штефан держались за руки и, тепло улыбаясь, смотрели друг другу в глаза. Но до этого нам потребовалось еще несколько важных прояснений, позволивших Штефану увидеть причинно-следственную связь между своей злостью, с которой он пришел, и тем, что на самом деле его так сердило и огорчало. Он был рассержен «несговорчивостью» Сабины, пока не пришел к пониманию, что эта его злость была настолько же легитимна и нормальна, как и огорчение Сабины в ответ на его нечуткость.

Иногда мы не готовы простить из-за недоверия. Извинение по-настоящему работает только тогда, когда оно оформлено не в виде утверждения, а в виде просьбы. Так, «Я извиняюсь» — это не просьба о прощении, а в принципе ничего не значащее междометие, иногда даже форма грубости, завуалированная или явная и намеренная. Искренняя же просьба о прощении обязательно содержит в себе скрытое послание, которое можно вербализовать примерно так: «Твои чувства для меня ценны, и мне жаль, что я их ранил(-а). Я дорожу твоим отношением ко мне и несу ответственность за свои действия».

Многие из нас, в силу определенного жизненного опыта, путают просьбу о прощении с необходимостью унизиться. Таким людям кажется, что попросить о прощении – значит обречь себя на некую болезненную для самолюбия процедуру. Однако это крайне извращенное понимание действия, которое, будучи искренним, на самом деле направлено на улучшение отношений и позитивно работает для обеих сторон. Искренне просить о прощении можно только из позиции «Я ОК – Ты ОК» и именно такое отношение сподвигает простить. Вынужденное же прощение – это подделка, а из поддельного строительного материала качественные отношения не построишь.

Формулировка просьбы о прощении должна содержать упоминание конкретного действия или высказывания, то есть того, за что именно мы хотим быть прощены. Часто простить не получается как раз потому, что обращающийся не называет действия своими именами или вообще избегает упоминать, за что он просит прощения. Это попытка избежать ответственности, которая не может не производить обесценивающий эффект.

Раз истинное прощение – дело добровольное, то иногда умение вежливо отказать в прощении это лучшее, что вы можете сделать для себя и своих отношений. Потому что такой отказ создает предпосылку для дальнейшего более гармоничного развития событий. Если вы не принуждаете себя делать то, с чем внутренне не согласны, то проявляете ценящее отношение и к себе, и к другому, как бы парадоксально это ни звучало. А это и есть предпосылка для гармонизации. Можно обозначить некие временны́е рамки, в которых вы были бы готовы снова выслушать просьбу о прощении. Для начинающих постигать эмоциональную грамотность все эти «тонкие настройки» могут показаться чем-то излишним, но именно они позволяют достигать желаемого результата — если научиться ими грамотно пользоваться.

Мне приходилось наблюдать в работе и с парами, и с терапевтическими группами, как трудно бывает дать прощение – даже тому, кто об этом искренне просит: в человеке происходит внутренняя борьба между желанием уступить другому и желанием позаботиться о собственном комфорте, который пока не восстановлен. Или реактивируется старая боль. Или поднимает голову недоверие. Важно побыть в этом моменте и не торопить себя.

Если в данный момент вы не готовы простить, это не означает, что вы не сможете сделать это позже. Иногда важно назвать эмоцию, которая вас охватила, чтобы другой правильно понимал, чем именно обусловлена ваша неготовность простить. А иногда нужно выждать – и ощущение готовности простить возникнет уже на основании того, что вы остались в контакте со своими чувствами и адекватно позаботились о себе, дав себе время – именно это дает ощущение защищенности и комфорта. Пытаться же простить «насильно» или показывать готовность простить без внутреннего желания – это действие из роли Спасателя, а силовые игры, как мы помним, заканчиваются плохо всегда.

Итак, качественная просьба о прощении – это трансакция, которая ощущается как искреннее, продуманное и бережное отношение и исходит одновременно из трех эго-состояний: Свободного Ребенка, Взрослого и

Ценящего Родителя. На такую просьбу о прощении вы обязательно рано или поздно получите положительный ответ. Просьба о прощении, достигшая своей цели, т.е. вызвавшая однозначно хорошую эмоцию, вызывает желание дать отклик. Это очень хороший порыв, и ему непременно стоит последовать. Например:

«Когда ты попросил(-а) у меня прощения, у меня как камень с души свалился».

«Когда ты сказал(-а) «извини меня, пожалуйста», я понял(-а), как на самом деле дорожу тобой и хочу, чтобы у нас все было хорошо».

«У меня было такое гнетущее чувство… до момента, когда ты взял(-а) мою руку и попросил(-а) прощения».

Если тот, кто просит прощения, не получает адекватной обратной связи на свои попытки загладить вину, то он может разочароваться в этом действии. Поэтому показать, что просьба о прощении все-таки произвела некое действие, – значит создать предпосылку для дальнейших позитивных изменений. Не следовать стратегии экономии поглаживаний, а найти слова и выразить свои чувства – это и есть настоящая близость.

Если мы не не подкрепляем и не поощряем желаемые формы поведения партнера, тем самым мы как бы поощряем обратные им формы. Более подробно об этом и о системе вознаграждения в отношениях – в Главе 16. Но сначала поговорим о настоящести.

Глава 15. АУТЕНТИЧНОСТЬ КАК ОТКАЗ ОТ САМООБМАНА

Есть такое отличное кино – «День сурка» (*англ. Groundhog Day*). Как любое классное кино, оно о чувствах и о трансформации, но главное – оно о том, как меняются отношения, если человек оставляет попытки обмануть себя и другого.

Главный герой фильма – локальная телезвезда Фил Коннорс. Он амбициозен в карьере, но непритязателен в плане культуры и манер и при этом озабочен исключительно своим комфортом, не обременяя себя мыслями о других. Волшебным образом Фил застревает в одном дне, который он вынужден проживать неисчислимое количество раз. И в этом дне с его личностью начинают происходить метаморфозы.

Поначалу, осознав все преимущества своего положения, он начинает вкушать прелести безнаказанности и свободы от последствий. Например, использует нехитрые манипуляции, чтобы соблазнять женщин. Со временем все это ему надоедает, и Фил, отчаявшись найти новые впечатления, даже пытается покончить с собой, однако все его суицидальные попытки заканчиваются безуспешно: просыпаясь следующим утром, он начинает проживать все тот же день.

В какой-то момент Фил обращает свой усталый взор на коллегу по работе – скромную и симпатичную Риту, которую он с высоты своего звездного статуса никогда раньше не замечал, – и пытается добиться ее благосклонности. Но всякий раз, изо дня в день – абсолютно безрезультатно: Рита не любит фальши. Только получив от нее целую серию пощечин и до смерти устав манипулировать и что-то изображать, Фил начинает вести себя искренне, просто являясь тем, кто он есть на самом деле. Он находит контакт со своими эмоциями и начинает ощущать себя иначе – более уравновешенным и настоящим. И наконец, в одно прекрасное утро Фил просыпается в новом завтрашнем дне – вместе с возлюбленной Ритой. Так и в нашей жизни: мы получаем значительно больше желаемого, когда честны с собой.

Просто мы не всегда в эффективность такого подхода верим.

Работая с парами, я часто начинаю терапию с небольшой диагностики, позволяющей определить те аспекты отношений, которые нам сообща предстоит «починить». В частности, я прошу каждого из клиентов в письменном виде сформулировать свои ожидания к партнеру, не утаивая и не опасаясь ничего. На первый взгляд, это задание кажется нехитрым, но тем, кто не привык ясно и кратко формулировать свои ожидания, оно кажется сложным.

Если романтические отношения неожиданно преобразовались в дискомфортные, то за этим всегда стоят некие неоправдавшиеся ожидания и неумение о них открыто говорить. Дело в том, что для наших партнеров чаще всего неочевидно то, чего мы от них ожидаем. Более того, некоторым кажется, что у них к партнеру «вообще нет никаких ожиданий». Если вы попросите своего партнера сформулировать ваши ожидания к нему как бы от вашего имени, то вовсе не факт, что он «угадает». И еще: нам самим не всегда известны наши собственные ожидания к партнеру, особенно если мы никогда не пытались их сформулировать без самообмана, умалчиваний и полуправд.

Что же вынуждает нас иногда кривить душой? Вовсе не злой умысел или мнимая порочность нашей природы — а то, что мы часто боимся стать уязвимыми и не верим, что получим желаемое без хитростей. Мы не всегда осознаем, что наши природные потребности можно удовлетворить только в хорошо функционирующих близких отношениях и что без честности и искренности такие отношения не построишь. Иногда мы неосознанно переносим на личные отношения шаблоны взаимодействия из рабочих отношений, а это два разных формата. Рабочие отношения часто подразумевают конкуренцию и борьбу за место в иерархии, поэтому близость и принятие в них – это негарантированный бонус и большая удача. В личных же отношениях близость и принятие – обязательные элементы. Если привносить конкуренцию и борьбу в близкие отношения, то и пожинать придется недоверие, разобщенность и одинокость.

Стремление избежать конфликта также является частым мотивом для лжи. Мы не хотим ранить чувства других, добавлять новых проблем к уже имеющимся, боимся провоцировать… И при этом забываем, что бесконфликтных отношений между людьми не бывает и быть не может и что на самом деле конфликт – это нормально и даже хорошо, потому что это знак того, что назрели изменения и появилась возможность достичь нового качества отношений.

Охлаждение в отношениях – часто не симптом пресыщения, а следствие неаутентичности и недомолвок. Классика этого жанра: жена, избегая секса, говорит мужу, что у нее болит готова (оговорюсь: этот пример работает в отношении любого пола или гендера). Вполне возможно, что женщина подразумевает нечто другое – например то, что она ощущает дискомфорт из-за какого-то слова или поступка мужа, но просто не умеет адекватно выразить это словами и избегает любой конфронтации. Или же хочет таким способом доставить дискомфорт мужу, раз уж и он ей его доставил, или не верит, что ее слова произведут нужный эффект, или ей кажется, что этот дискомфорт – это сугубо ее проблема… В результате одна недомолвка порождает другую и постепенно превращается в большие противоречия, из-за которых становится сложно восстановить взаимопонимание и то, что изначально объединяло этих двух людей.

Близкие отношения имеют нечто общее с бизнесом: в них так же важно уметь сформулировать цель, т.е.

чего ради ты затеваешь дело.Цель избежать в отношениях конфликтов – заведомо провальная. Если же вы ставите целью научиться обращаться с возникающими конфликтами на пользу и себе, и отношениям, то отношения точно будут благополучными, хотя, возможно, и не лишенными дискуссий. Только будучи честными с партнером, мы подтверждаем его ценность.

Мотив ценности идеально проиллюстрирован и в «Дне сурка»: в краткосрочной перспективе манипуляции дают ожидаемый эффект, но мы не можем по-настоящему ценить тех, кем манипулируем, и они это тоже считывают. Так, Фил, сделав точно подобранный комплимент, добивался женщин быстро и без усилий, но тут же терял к ним всякий интерес, как к чему-то малоценному, потому что манипуляции, на которых были построены эти победы, прямо коррелировали и с его ценностью как мужчины в собственных глазах.

Фил пытался манипулировать и Ритой и поначалу ему даже удавалось ее собой заинтересовать. Но как только она чувствовала фальшь, она тут же «срывалась с крючка». Манипуляция – это форма обесценивания, то есть псевдо-любовь и анти-близость. И, как любое обесценивание, она доставляет неприятное ощущение или даже больно ранит наши чувства. В отношениях, где мы обманываем другого или себя самого, рано или поздно доверие исчезает.

Полный отказ от умалчиваний и неправды сохраняет отношения, делает их по-настоящему близкими. Все, что делается нами недобровольно, – это обычно часть прямой или косвенной, безобидной или разрушительной силовой игры. Делать следует только то, что хочешь. Так умеет только тот, кто живет без самообесцениваний – в полном смысле по доброй воле.

На встрече памяти Клода Штайнера в Берлине летом

2017 года его внук Мэтью рассказывал, как дед взял его с собой Европу в 2013-м и предложил договоренность: если он хочет поехать с ним, то должен пообещать быть абсолютно честным с собой и с ним всю дорогу. Мэтью поделился с нами, что это было не так просто – быть все время полностью открытым и честным. Не потому, что ему было что скрывать от деда, а просто потому, что мы часто и не замечаем, как о чем-то умалчиваем или обманываем самих себя. Обманываем не потому, что у нас есть в этом потребность, а потому, что это усвоенная часть сценария, то есть несвободы: кто-то когда-то навязал нам эту привычку.

В 2013-м мне довелось наблюдать, в каких отношениях были дед и внук: Клод был нежен со своим отпрыском и гордился им, а Мэтью старался оберегать деда и заботился о нем. Клоду было на тот момент 78 лет, он уже перенес несколько серьезных операций и дебют болезни Паркинсона, но оставался все так же остроумен и проницателен. И умел быть близким и теплым, то есть абсолютно не экономил на поглаживаниях.

Потребность в привязанности и принадлежности – к семье, роду, сложившимся отношениям – это то, что делает нас существами социальными и потому уязвимыми. Разрушить отношения может и сам страх их потерять. Когда этот страх не дает нам быть честным с самим собой и с партнером, то вместо близости возникает несвобода – зависимость и созависимость. Честность делает автономным и способным открыто проговаривать любые значимые вещи. Неверно толковать автономию как вариант одиночества. На самом деле автономия – это взрослые отношения, в которых комфортно.

Глава 16. СКРЫТЫЕ ПОСЛАНИЯ И КАК УСТРОЕНО СЧАСТЬЕ

«Детей надо любить так, чтобы они об этом не догадывались».

«Я не говорил ей, что люблю ее, потому что думал, что это всегда было и так понятно. Я предпочитаю не говорить, а делать».

«Она призналась, что у нее, оказывается, с ним роман и что он ее очень любит. Вчера она объявила о разводе».

На первый взгляд, между этими тремя высказываниями нет прямой связи. Но каждое из них является звеном одной и той же цепочки событий. Все высказывания принадлежат моему клиенту Артуру; в первом из них он цитировал слова своей мамы, рассказывая о ней. Вторая фраза прозвучала, когда мы с Артуром заговорили об экономии поглаживаний в его отношениях с женой. А третья фраза чуть позже констатировала тот факт, что он, к сожалению, слишком поздно обратился за помощью. Но хотя нынешние его отношения были разрушены, он теперь может влиять на отношения будущие.

Человеческие отношения работают так, что все связанные с обесцениваниями события в нашей жизни являются логическим продолжением исходного обесценивающего события в этой цепи. И поэтому все последующие события так или иначе предрешены, потому что потребность в подтверждении ценности – это то, ради чего и вокруг чего строятся человеческие отношения: если эта потребность удовлетворяется, то отношения в порядке, а если нет – то увы. И мы, к сожалению, обречены вновь и вновь повторять усвоенные ранее шаблоны мышления и поведения в наших отношениях – пока не осознаем, как все это работает и не остановим их воспроизведение.

Переживаемое нами на первых стадиях влюбленности острое ощущение счастья – это признак того, что наша потребность в подтверждении ценности удовлетворена наилучшим способом: все дело в единственном и неповторимом избраннике, чьи поглаживания кажутся нам наиболее желанными. Мечтая о совместном будущем, мы надеемся, что наша потребность будет удовлетворена и в долгосрочной перспективе. Но рано или поздно в отношениях может произойти нечто, что вызовет противоположные чувства и переживания. И, как мы уже говорили, чувства и эмоции это своего рода «приборная доска» нашей психики, они как бы «прикручены» к потребностям, чтобы сигнализировать нам о том, в какой степени потребности на данный момент удовлетворены. Если человек вдруг испытывает горечь, боль, отчаяние, разочарование, раздражение, злость или даже ненависть к партнеру, с которым совсем недавно было так хорошо, – это тревожные сигналы того, что потребность в подтверждении ценности не удовлетворена. В такие моменты может казаться, что совместное будущее уже невозможно, и само желание вкладывать силы в эти отношения испарилось… Этот деструктивный процесс приобретает уже свою собственную динамику и его бывает крайне сложно остановить, снова направив отношения в гармоничное, здоровое русло.

Как же сделать так, чтобы отношения и после «конфетно-букетного» периода оставались счастливыми? Нужно по-настоящему начать ценить себя и партнера и избегать любых обесцениваний. Какими критериями это измерить? О том, что принцип ценности в отношениях соблюден, говорит присутствие следующих пяти аспектов:

Искренность. Адекватно выражать свои истинные эмоции и намерения – значит быть искренним, настоящим. Искренность подразумевает отказ от умалчиваний, от запрета на эмоции и от самой идеи, что эмоции могут быть «плохими» или «хорошими». Нам комфортно только в тех отношениях, в которых мы можем быть самими собой и ощущать принятие со стороны партнера. Быть искренним и честным с собой может только тот, кто по-настоящему ценит и себя, и партнера.

Доверие. Настоящее доверие возникает только на базе искренности. Если кто-то носит маски или играет роли, скрывая свои эмоции и намерения, то какой резон ему доверять? Доверять можно только тому, с кем безопасно. Доверие обязано иметь под собой основания; если вы доверяете кому-то безосновательно, то это не доверие, а доверчивость, что в зрелых отношениях – нонсенс. Доверять тому, кто вас не ценит, – это точно не про здоровые гармоничные отношения.

Близость. Близость возможна только там, где есть искренность и доверие, и речь прежде всего идет о близости психологической. Существуют пары, в которых есть секс, но при этом нет близости, или секс отсутствует именно потому, что близости не получилось. Существует множество семей, проживающих на одной жилплощади и остающихся друг другу чужими. Близость это не отсутствие границ, а умение беречь и уважать границы другого, умение сосуществовать, сопереживать, со-быть. Это желание знать человека, это интерес к его внутреннему миру. Именно близость позволяет партнерам договариваться и менять отношения, если их формат устарел, что в связи с ростом и развитием партнеров случается довольно часто. Например, когда дети выросли, многие пары переживают кризис: перед ними встает задача заново научиться жить только вдвоем, понимать и ценить друг друга как супругов, а не только как родителей.

Согласованность – это умение договариваться и сотрудничать, то есть взаимодействовать так, чтобы обе стороны оставались в выигрыше. Вместо симбиоза, зависимости и созависимости — здесь равная ценность партнеров, обоюдное принятие и учет интересов и потребностей каждого. Мы согласовываем решения только с теми, кого ценим. Если двое взрослых автономных людей решают быть вместе, то у них очень здорово получается сообща создавать новые смыслы, проекты, детей, будущее — что угодно, что согласуется с их представлениями и потребностями.

Благодарность — это умение не только ощущать признательность, но и выражать ее, подтверждая этим ценность партнера. Часто ко мне на терапию приходят пары именно из-за того, что в их отношениях либо нет никакой системы вознаграждения вовсе, либо она работает с серьезными перебоями — т.е. друг от друга они ожидают выполнения неких функций, но никакой благодарности за это не предусмотрено. В результате рождаются дети, берутся кредиты, число рабочих и домашних задач растет, а количество и качество признательности снижается или равно нулю. И вот с функционированием и зарабатыванием денег супруги справляются, а счастья от всего этого нет.

Подумайте, чем вы вознаграждаете своего партнера за то, что он для вас делает? А просто за то, что он есть? Как именно выражаете свою благодарность? Произносите ли вы слова признательности вслух? Реагируете ли сразу на его знаки внимания к вам и если да, то как именно? Поощряете ли вы своего партнера повторять те формы поведения, которые доставляют вам удовольствие? А может быть, наоборот, неосознанно вы поощряете и закрепляете те формы поведения, которые вас раздражают?

Благодарите своего партнера за конкретные дела и «просто так», когда вам искренне хочется доставить ему удовольствие. Донесите до него, что и вам тоже было бы важно и приятно ощущать свою ценность в его глазах — по поводу и без. Поощряйте обмен ценящими посланиями в той форме, которая вызывает у вас наиболее приятные эмоции. Так вы избежите экономии поглаживаний и «усыхания» ваших отношений.

Итак, если в ваших отношениях присутствуют все эти пять аспектов, то и в поздней пост-романтической фазе ваши отношения будут оставаться комфортными для каждого из вас. Будничность и быт – вовсе не угроза для отношений; настоящая угроза – это отсутствие ощущения, что тебя ценят.

И в завершение давайте поговорим о тонко-считываемых нами сигналах и о том, как посылать друг другу правильные сигналы и избегать неправильных, ведущих к недопониманиям, недоверию, отчужденности.

В поступках и словах партнера мы неизбежно интуитивно считываем послания, передающие его истинное отношение к нам. Проверьте, есть ли в ваших отношениях следующие послания:

1. «Ты ценен/ценна, и твои представления – тоже». **Представления** – это уровень интересов, мнений, идей: куда пойти на вечеринку, как, с кем и где провести время, на что потратить деньги, какую мебель, машину, коляску приобрести – это вопросы для обсуждения и учета мнения другого. Скрытое послание «твои представления ценны» присутствует в отношении к вам вашего партнера, если он интересуется вашим мнением и учитывает его при принятии решений.

2. «Ты ценен/ценна, и твои чувства – тоже». **Чувства и эмоции** определяют более глубокий и более близкий уровень отношений. Чувства предполагают бережное к ним отношение. Если ваш партнер сознательно избегает делать или говорить то, что ранило бы ваши чувства, то он вас ценит. Если

он интересуется вашим самочувствием и ему не все равно, и если вы отвечаете ему взаимностью и бережно обращаетесь с его чувствами, то все хорошо.

«Ты ценен/ценна, и твои потребности – тоже». **Уровень потребностей** является основополагающим для отношений. Скрытое послание «твои потребности мне важны» свидетельствует о том, что вашему партнеру небезразлично, удовлетворены ли ваши потребности. Потребность в подтверждении ценности здесь, разумеется, не единственная, есть и другие потребности, которые мы можем удовлетворять только в рамках хорошо функционирующих близких отношений.

Итак, если все три скрытые послания ощущаются вами в отношении вашего партнера, то все в порядке. Но что-то явно идет не так, если вместо них вы улавливаете следующее:

«Ты не настолько ценен/ценна, чтобы учитывать твои представления».

«Ты не настолько ценен/ценна, чтобы беречь твои чувства».

«Ты не настолько ценен/ценна, чтобы учитывать твои потребности».

Возможно, даже сейчас, читая эти строки, вы осознали что-то важное для себя и своих отношений – нынешних, прошлых или будущих. Может быть, ощутили какую-то эмоцию. Прислушайтесь к ней. Попытайтесь «перевести» ее на вербальный язык: какая мысль (или какой вопрос) содержится в этой эмоции? Она может помочь сделать ваши отношения более благополучными.

Если вы осознали, что где-то допустили обесценивание по отношению к партнеру, то самым правильным было бы поговорить с ним об этом, для начала прояснив, что по этому поводу думает он сам. Возможно будет уместно выразить ему просьбу о прощении. А если вам не хватает ощущения своей ценности в глазах партнера, вы можете ласково попросить его дать вам хорошее поглаживание.

У Льва Толстого есть весьма любопытная повесть «Крейцерова соната» – в ней очень точно описывается динамика развития деструктивных отношений в паре. В этой повести есть все: и обесценивания, базирующиеся на непонимании человеческих потребностей, и треугольник Карпмана, и экономия поглаживаний, и «карусель» непроверенных фантазий и эмоций, и силовые игры, и полное отсутствие пяти аспектов принципа ценности, и поэтапная эскалация насилия, и, конечно, вся та палитра эмоций, что в подобных процессах просто неизбежна. «Крейцерова соната» – яркая иллюстрация того, что может произойти, если принцип ценности в отношениях не соблюдается, и как именно это несоблюдение делает нас несвободными и несчастливыми.

ПОСЛЕСЛОВИЕ

Однажды вечером после успешного рабочего дня мне подумалось, что было бы неплохо написать Клоду письмо благодарности. «Он должен знать, насколько он помог мне изменить мою жизнь к лучшему. Его порадует, что я упомянула его идеи в моих книгах, и ему будет приятно еще раз получить благодарность, точно так же, как мне бывает приятно, когда люди благодарят за мою работу меня», – подумала я.

Открыв его страницу, следующее, что я сделала, – купила билет в Бад-Грененбах, что в трехстах километрах к югу от меня. В расписании Клода была указана конференция, посвященная эмоциональной грамотности, которая должна была там состояться. Будучи автором метода развития эмоциональной грамотности, Клод был приглашен на нее как особый гость. Ту самую книгу с синей обложкой, с которой когда-то началось мое знакомство со Штайнером, я взяла с собой.

На конференции я представилась Клоду и он сказал, что помнит о моем исследовании. Я поблагодарила его за поддержку, которую он мне тогда оказал. То, что я получила от него годами ранее, было на самом деле нечто большее, чем совет более опытного коллеги. Это было Разрешение.

Мы много говорили о власти и силовых играх в моей родной стране и в России, и он сказал, что для нас, психологов, работы там «до чертиков»… Я видела теплый свет в его глазах, когда он с любовью и благодарностью говорил об Эрике Берне. Он поделился, что очень сожалеет, что тогда еще не умел выразить свои чувства по отношению к нему как следует. Я рассказала ему о своих коллегах в Украине и о том, как они ценят его идеи и как гордятся тем, что побывали на его мастер-классах. Он мягко улыбнулся и произнес: «Ты знаешь, иногда я удивляюсь, почему люди считают мой вклад чем-то особенным… Мне не кажется, что я делаю что-то экстраординарное… Я просто делаю то, что, считаю, должно быть сделано».

Фото 2. Лена Корнеева и Клод Штайнер, 2013

По дороге домой я читала «Сценарии жизни людей» – наверное, уже в пятый раз. Теперь книга была подписана автором. Перед тем как попрощаться, я показала Клоду книгу, сказав, что она была одной из немногих, сопровождавших меня все эти годы из Киева в Бремен и из Бремена в Баварию. Он подписал книгу так: «Лене, коллеге-психологу и энтузиасту, от Клода Штайнера», а потом спросил: «Послушай, здесь где-то должно быть: «Я посвящаю эту книгу Эрику – моему учителю, другу, отцу и брату», могла бы ты мне показать, как это выглядит по-русски?» Я нашла это посвящение, и под ним он вывел: «и Лене от Клода Штайнера». И не было в словах и действиях Клода ни грамма экономии поглаживаний. Так же, как не должно ее быть и в нашем отношении друг к другу, думаю я.

Одно из повторяющихся наблюдений из моей практики – люди, делающие в своей жизни не то, что им хочется, и не делающие то, чего они хотят. Собственно, это неумение «жить так, как хочется» и приводит людей в психотерапию. Эти люди не глупее и не хуже других, просто они были так воспитаны; им от этого дискомфортно, но это часть сценария – не знать как или бояться выйти за рамки сценария и дискомфорта. Выйти за эти рамки можно, усвоив одну вещь: никто не неволит тебя, кроме тебя самого, то есть той части тебя, которой ты неосознанно «передал управление» твоей жизнью, – Обесценивающего Родителя. И ты точно можешь снова взять контроль в свои руки.

Неокейность как неуверенность в собственной ценности это именно то, что мешает исполнению наших желаний, ведь мы сами запрещаем Себе Настоящим что-то желать и жить так, как мы хотим. Мы все хотим довольно простых вещей, подтверждающих нашу ценность: чтобы нашим источником признания и дохода было наше хобби, а не унылая работа. Чтобы наши отношения были источником радости, а не источником ран и боли. Как уже упоминалось, Обесценивающий Родитель работает «в обе стороны»: то, что ты не позволяешь себе, ты не можешь с легким сердцем позволить и другим. Так рождается зависть. Так начинается любая манипуляция. Обесценивающий Родитель – это источник несвободы и неэффективности. Ведь на самом деле:

- Никто не заставляет нас общаться с людьми, которые не созвучны нам или не ценят нас так, как нам хотелось бы.
- Никто, кроме нас самих, не может обеспечить нам ту любовь и те отношения, которые мы себе желаем.
- Никто не в силах дать нам любовь, если мы ее не принимаем.
- Никто не запрещает нам научиться принимать любовь – обратиться за ней и получить ее именно в той форме, в которой мы желаем, отказавшись от той, что нам не мила.

«Love is the answer» и «I am so lucky» произнес Клод перед своей смертью. Он был из тех людей, что разрешают себе жить так, как они хотят. Изначально он сам был носителем сценария, будучи воспитанным в культуре, где склонность полагаться на силу и разные формы насилия были нормой и обычной заменой любви. Клод разрешил себе пересмотреть свой сценарий и освободиться от него. И прекрасно в этом то, что подобные Разрешения делают счастливее и жизни других людей.

Это здорово – развиваться и трансформироваться. Развиваться не потому, что мы должны, а потому, что это приятно и безумно интересно. Если бабочке дано из куколки превращаться в легкокрылое изящное существо, то и нам дано «перерастать» самих себя, становиться более свободными и счастливыми. И, пользуясь метафорой Берна, снова превращаться в прекрасных принцев и принцесс, отказываясь от навязанной когда-то роли лягушки. Я всем этого желаю. Настоящее развитие – это любовь и жизнь слишком коротка, чтобы экономить на любви.

ГЛОССАРИЙ

Аттитюд (от фр. attitude) – индивидуальное отношение к кому-либо, важной характеристикой которого является субъективно воспринимаемая ценность объекта отношения.

Аутентичность – «настоящесть», искренность проживания эмоций, потребностей, интересов, намерений и желаний и их выражения.

Бунтующее Дитя (эго-состояние) – усвоенный в детстве шаблон мышления, чувств и поведения, нацеленный на противодействие Обесценивающему Родителю, но не дающий эффекта, который может дать активный Взрослый как ресурс рассудочности и умения выбрать наиболее эффективную и экологичную стратегию из всех наличествующих.

Взрослый (эго-состояние) – совокупность способностей к мышлению, анализу, прогнозированию и проверке фактов, осуществляющая контакт с реальностью и выбор наиболее эффективных опций, стратегий поведения или реагирования на актуальные события.

Драматический треугольник Стива Карпмана – концепция, описывающая феномен поведенческой неаутентичности через проигрывание трех последовательных ролей Спасателя, Преследователя и Жертвы, каждая из которых несет в себе элементы обесценивания своих ресурсов, потребностей, способностей и опций или таковых партнера по коммуникации. Антиподом ролей является искреннее выражение намерений и пожеланий без умалчиваний и обесцениваний с целью выстраивания гармоничной коммуникации.

Обесценивание – это осознанное или бессознательное приписывание меньшей ценности какому-либо феномену психической реальности (потребности, эмоции, представлению) или индивиду. Обесценивание ранит чувства или доставляет дискомфорт, т.к. противоречит нашей потребности в подтверждении ценности, т.е. в уважительном и бережном отношении.

Обесценивающий Родитель *(эго-состояние)* — поведенческий паттерн, выражающийся в недостаточно чутких, недостаточно принимающих, недостаточно уважительных, недостаточно поддерживающих и недостаточно защищающих формах поведения и реагирования.

Окейность — ощущение собственной безусловной ценности и человеческого достоинства, выражаемое также в уважительном отношении к ценности и достоинству других.

Осознанность — одна из функций Взрослого, выражающаяся в способности к анализу, синтезу, прогнозированию, проверке предположений, догадок и непроверенных фантазий и способности различать их от реального положения дел и фактов.

Принцип ценности — главенство потребности в подтверждении ценности как центральной из разряда социальных и определяющей качество наших отношений и коммуникации. Учитывание принципа ценности позволяет построить гармоничные счастливые отношения, тогда как неучитывание его ведет к недопониманию, конфликтам, охлаждению отношений.

Поглаживание — единица взаимодействия, сигнал того, что ты воспринят другим. Поглаживания могут быть вербальными и невербальными, условными и безусловными, желаемыми и нежелательными, двойными (содержащими два несовпадающих друг с другом смысла), сравнивающими — в зависимости от индивидуального восприятия. Основная же характеристика поглаживания состоит в том, что оно неизбежно считывается как либо ценящее, либо как обесценивающее, т.к. только при помощи поглаживаний мы можем удовлетворять потребность в подтверждении ценности.

Потребность – это устойчивая и обусловленная нейрофизиологически естественная нужда в неком значимом физиологическом или психическом переживании, обеспечивающем благополучие нашего существования и развития и определяющая мотивы нашего поведения.

Потребность в подтверждении ценности – центральная человеческая потребность из разряда социальных, выражающаяся как нужда в принятии, признании, уважении, любви, чутком и бережном к нам отношении.

Покорное Дитя *(эго-состояние)* – усвоенный в условиях цензурирования потребностей шаблон поведения, выработанный под влиянием воспринятого Обесценивающего Родителя и его запретов и предписаний. Навязанная, т.е. происходящая не из Взрослого покорность неизбежно влечет за собой бунт – непродуктивные формы саботажа и сопротивления.

Разрешение – психотерапевтическая интервенция, производящая освобождающий и придающий сил эффект, ибо является активным противодействием сценарным запретам и предписаниям, делающим личность клиента неэффективной или дисфункциональной.

Свободное (Естественное) Дитя *(эго-состояние)* – спонтанные формы проявления природных потребностей и эмоций, творческого начала, игривости и импульсивности.

Силовые игры – формы манипулятивного поведения, скрытым мотивом которых является попытка сподвигнуть другого делать что-то, чего он делать не планировал или воспрепятствовать тому, то он делать хотел. Антиподом силовых игр является взаимовыгодное сотрудничество, основанное на открытом выражении намерений, достижении договорённостей и следования им.

Структурная модель эго-состояний – инструмент, помогающий описать структуру личности, как состоящую из трех базовых эго-состояний: Дитя, Взрослый и Родитель.

Трансактный анализ – метод анализа взаимодействия, позволяющий осознать причины сложностей и дисгармонии в отношениях и коммуникации и заменить их аутентичным взаимодействием, построенном на осознанности, спонтанности и близости.

Трансакция – единица общения, которая состоит из стимула и реакции.

Функциональная модель – инструмент, помогающий описать различающиеся проявления эго-состояний. Так, Родитель может выполнять свои функции либо Ценящими, либо Обесценивающими способами, Дитя может проявляться Свободным, Покорным либо Бунтующим образом. Ресурсными и помогающими формировать благополучные отношения и функционирование являются только Свободное Дитя, Взрослый и Ценящий Родитель.

Ценящий Родитель (эго-состояние) – поведенческий паттерн, выражающийся в чутких, принимающих, признающих, уважительных, поддерживающих и защищающих формах поведения и реагирования.

Эго-состояние – узнаваемый паттерн мышления и поведения, проявляющийся в нашем поведении, принятии решений и коммуникации в некий конкретный момент. Структурно наша личность состоит из трех эго-состояний: Дитя, Взрослый, Родитель; функционально же Родитель может быть проявлен как либо Обесценивающий, либо как Ценящий, а Дитя либо как Свободное (Естественное), либо как Покорное или Бунтующее.

Эмоция – психический процесс некой продолжительности, являющий собой реакцию на некое воспринятое событие или феномен, релевантные для наших потребностей. Эмоции выполняют функцию «сигнальных лампочек» наших потребностей, оповещающих нас о том, в какой степени наши потребности удовлетворены в конкретный момент времени.

Эмоциональная грамотность – осознанная способность верно понимать свои эмоции и эмоции других, адекватно их выражать и переживать, сохраняя взаимопонимание.

Эмоциональная осознанность – способность своевременно и верно интерпретировать эмоции, необходимая для управления собственными эмоциями и действиями.

ЛИТЕРАТУРА

Адлер А. Комплекс неполноценности и комплекс превосходства. – Киев: Port-Royal, 1997.

Бауэр И. Почему я чувствую, что чувствуешь ты. Интуитивная коммуникация и секрет зеркальных нейронов. – СПб.: Изд-во Вернера Регена, 2009.

Боулби Дж. Привязанность. – М.: Гардарики, 2003.

Риццолатти Дж., Синигалья К. Зеркала в мозге: о механизмах совместного действия и сопереживания. – М.: Языки славянских культур, 2012.

Aron E. The Highly Sensitive Person: How To Thrive When The World Overwhelms You. New York: Broadway Books, 1997.

Berne E. Transactional Analysis in Psychotherapy. New York: Grove Press, 1961.

Berne, E. The structure and dynamics of organizations and groups. New York: Grove Press, 1963.

Berne, E. Trading stamps. Transactional Analysis Bulletin, 1964, 3(10), p. 127.

Berne E. Games People Play – The Basic Handbook of Transactional Analysis. New York: Ballantine Books, 1964.

Berne E. What Do You Say After You Say Hello? New York: Grove Press, 1972.

Blanchard K., Johnson S. The One Minute Manager: Increase Productivity, Profits and Your Own Prosperity. New York: William Morrow & Co., 1982.

Boterberg S., Warreyn P. Making sense of it all: The impact of sensory processing sensitivity on daily functioning of children // Personality and Individual Differences, 2016. V. 92, pp. 80–86.

Caspi A., Moffitt T.E., Morgan J. et al. Maternal Expressed Emotion Predicts Children's Antisocial Behavior Problems: Using Monozygotic-Twin Differences to Identify Environmental Effects on Behavioral Development // Developmental Psychology, 2004. V. 40(2), pp. 149–161.

Damasio A. The feeling of what happens: Body and Emotion in the Making of Consciousness. London: Vintage, 1999.

Harry F. Harlow, «Love in Infant Monkeys,» Scientific American, N 200 (June 1959):68, 70, 72-73, 74.

Eisenberger N., Lieberman M., Williams K. Does Rejection Hurt? An fMRI Study of Social Exclusion // Science, 2003. V. 302, pp. 290–292.

Erskine, R.G., Zalcman, M.J. The Racket System: A Model For Racket Analysis. Transactional Analysis Journal, Vol. 9, No.1, January 1979, pp. 51-59.

Fisher H., Brown L., Aron A. et al. Reward, addiction, and emotion regulation systems associated with rejection in love // Journal of neurophysiology, 2010. V. 104(1), pp. 51–60.

Freud S. Das Unbehagen in der Kultur Studienausgabe. Band IX. Frankfurt am Main: S. Fischer Verlag, 1974 (Erstauflage 1930).

Goulding R., & Goulding M. Injunctions, Decisions and Redecisions. Transactional Analysis Journal, 6 (1), pp. 41-48, 1976.

Goulding M., Goulding R. Changing lives through Redecision Therapy. Brunner/Mazel, 1997.

Harlow, H. F. (1959). Love in Infant Monkeys. Scientific American, N 200 June, 68, 70, 72-73, 74.

Karpman S. A Game Free Life. The definitive book on the Drama Triangle and Compassion Triangle by the originator and author. The new transactional analysis of intimacy, openness, and happiness. Drama Triangle Publications, 2014.

Kornyeyeva L. Die sedierte Gesellschaft: Wie Ritalin, Antidepressiva und Aufputschmittel uns zu Sklaven der Leistungsgesellschaft machen. München: Heyne Verlag, 2014.

Kross E., Berman M., Mischel W. et al. Social rejection shares somatosensory representations with physical pain // Proceedings of the National Academy of Sciences, 2011. V. 108(15), pp. 6270–6275.

Licht C., Mortensen E., Hjordt L. et al. Serotonin transporter gene (SLC6A4) variation and sensory processing sensitivity – Comparison with other anxiety-related temperamental dimensions // Molecular Genetics & Genomic Medicine, 2020. V. 8(8), pp. 1-10.

Mollet G., Harrison D. Emotion and pain: a functional cerebral systems integration // Neuropsychology Review, 2006. V. 16(3), pp. 99–121.

Rutter M. The Qualities of Mothering: Maternal deprivation reassessed. New York, 1974.

Solnick S.J., Hemenway D. Is More Always Better? A Survey on Positional Concerns // Journal of Economic Behavior and Organization, 1998. V. 37(3), pp. 373–383.

Steiner C.M. Scripts people live: Transactional analysis of life scripts. New York: Grove Press, 1974.

Steiner C.M. The Original Warm Fuzzy Tale. Fawnskin: Jalmar Press, 1979 (first published 1969).

Steiner C.M. The Pig Parent // Transactional Analysis Journal, 1979. V. 9, pp. 26–37.

Steiner C.M. Emotional Literacy: Intelligence with a Heart. Fawnskin: Personhood Press, 2003.

Steiner C.M. The heart of the matter: Love, Information and Transactional Analysis. TA Press, 2009.

Stewart, I., & Joines, V. TA Today: A New Introduction to Transactional Analysis. Nottingham; Chapel Hill: Lifespace Pub, 1987.

Stoessel C., Stiller J., Bleich S. et al. Differences and Similarities on Neuronal Activities of People Being Happily and Unhappily in Love: A Functional Magnetic Resonance Imaging Study // Neuropsychobiology, 2011. V. 64(1), pp. 52–60.

Tomova L., Wang K.L., Thompson T. et al. Acute social isolation evokes midbrain craving responses similar to hunger // Nature Neuroscience, 2020. V. 23(12), pp. 1597–1605.

Tronick E. The Norton series on interpersonal neurobiology. The neurobehavioral and social-emotional development of infants and children. New York: W.W. Norton & Co., 2007.

Содержание

Предисловие ко второму изданию 7
Предисловие 9

Часть 1. УЗНАТЬ СЕБЯ ПО-НАСТОЯЩЕМУ

Глава 1. Эмоции – что это и для чего? 13
   1.1. Эмоции: аутентичность против рэкета 21
   1.2. Шкала эмоциональной осознанности 27
Глава 2. Поглаживание как единица признания 34
Глава 3. О чем сигнализируют эмоции 42
Глава 4. Самая главная потребность 56
Глава 5. Ценность как сила, обесценивание как бессилие 67
   5.1. О природе деструктивности и экономии поглаживаний 72

Часть 2. КАК РАБОТАЮТ ОТНОШЕНИЯ

Глава 6. Окейность: толкование по принципу ценности 85
Глава 7. Обесценивания в отношениях родителей и детей 91
   7.1. «Мама, я злюсь!» или Растим эмоционально-грамотного ребенка 111
Глава 8. Сила, уязвимость и злоупотребления силой 116
   8.1. Силовые игры 116
   8.2. Играя и не выигрывая: треугольник Карпмана 125
   8.3. Эмоциональная зависимость 132
Глава 9. Самая большая уязвимость взрослого 140
Глава 10. Телесная окейность: близость, границы и умение заботиться о себе 150

Часть 3. ЭМОЦИОНАЛЬНАЯ ГРАМОТНОСТЬ КАК РОСКОШЬ БЫТЬ СОБОЙ

Глава 11. Непроверенные фантазии и как их проверять ... 165
Глава 12. Ответственность как ресурс силы ... 174
Глава 13. Просьба о разрешении: недооцененная драгоценность ... 184
Глава 14. Почему извинения работают не всегда ... 189
Глава 15. Аутентичность как отказ от самообмана ... 194
Глава 16. Скрытые послания и как устроено счастье ... 200

Послесловие ... 207
Глоссарий ... 213
Литература ... 219

Об авторе

Лена Корнеева Ph.D., практикующий психолог, автор книг, родилась в Украине.

С 2006-го года живет и работает в Германии.
Как терапевт отношений разработала концепцию принципа ценности, помогающую достигать позитивных изменений как в индивидуальной, так и в парной работе.

ISIA Media Verlag, Leipzig 2024

Дизайн обложки и верстка: ORDEN COMPANY LTD, Praha/Inna Barabash
Шрифт: DveKruglyh/Yuri Gordon

© Лена Корнеева, 2024
© ISIA Media Verlag, 2024

Отпечатано в Германии

ISBN 978-3-68959-898-3